Horst Schübeler

Landwirtschaft in Schleswig-Holstein
Bilddokumente zur Agrargeschichte
Hof- und Hauswirtschaft

HORST SCHÜBELER

Landwirtschaft in Schleswig-Holstein

Bilddokumente zur Agrargeschichte

Band II

Hof- und Hauswirtschaft

IMPRESSUM:
Herausgeber: Horst Schübeler, Dorfstraße 14, 24401 Böelschuby
Herstellung: Schleswiger Druck- und Verlagshaus GmbH, Lattenkamp 7, 24837 Schleswig
Buchbinderei: Bernhard Gehring, 33604 Bielefeld
Ausgabe: 1995 – ISBN 3-88242-119-3

Alle Rechte, insbesondere das Recht der Vervielfältigung und Verbreitung sowie der Übersetzung, vorbehalten. Kein Teil des Werkes darf in irgendeiner Form (durch Fotokopie, Mikrofilm oder ein anderes Verfahren) ohne schriftliche Genehmigung des Herausgebers reproduziert oder unter Verwendung elektronischer Systeme gespeichert, verarbeitet, vervielfältigt oder verbreitet werden.

Vorwort

Um 1960 endete eine Zeitepoche, die »Alte Zeit« in der Landwirtschaft. Die Motorisierungs- und Technisierungswelle hatte schon angefangen, und die ersten Auswirkungen dieser Bewegung waren bereits zu spüren: Das Pferd als Zugkraft in der Landwirtschaft hatte ausgedient, Arbeitskräfte konnten oder mußten eingespart werden, und auf diese Weise wurde die Zahl der Erwerbstätigen in diesem Berufsstand dezimiert. Diejenigen, die ehemals in der Landwirtschaft beschäftigt waren, wanderten ab und suchten sich in anderen Bereichen der Wirtschaft neue Arbeitsplätze. Besitzer kleinerer Höfe und Katen gaben die Landwirtschaft auf, weil kein lohnendes Einkommen mehr zu erwirtschaften war. Im Gefolge wurden auch die Besitzer kleinerer Handwerksbetriebe, die in direkter Abhängigkeit ihrer landwirtschaftlichen Auftraggeber standen, erwerbslos, und auch sie mußten sich nach anderen Beschäftigungen umsehen. Viele dörfliche Einrichtungen auf dem Genossenschaftssektor wie Banken, Warengenossenschaften und Meiereien wurden unproduktiv oder verfügten nicht mehr über genügend ausgelastete Kapazitäten, mußten demzufolge stillgelegt werden oder mit gleichartigen größeren Unternehmen in Nachbargemeinden fusionieren. Die freigewordenen Betriebs- und Wohnstätten in den kleinen Gemeinden wurden veräußert und meist neuen Verwendungszwecken zugeführt. In Form von Wochenendhäusern oder als sogenannte Resthöfe dienen zahlreiche Objekte den Urlaubssuchenden aus den Städten als Feriendomizil. Dadurch änderte sich ganz zwangsläufig das soziale Gefüge in den Dörfern. Parallel zu dieser Entwicklung liefen nebenher die staatlich verordneten Konzentrationsprozesse, die mit der Gebietsreform, der Kreis- und der Ämterneuordnung und den vielseitigen Schulreformen ihren Anfang nahmen. Kultur- und Gemeinschaftszentren in den kleinen Dörfern wurden geschlossen oder mußten aus Rentabilitätsgründen aufgegeben werden. Dieser Veränderungsprozeß hat in immer rascherem Tempo umsichgegriffen. Heute, über 30 Jahre nach dem Beginn dieser Entwicklung, zwingt die europäische Agrarpolitik zu noch gravierenderen Veränderungen. Die Landwirtschaft im althergebrachten Sinn wird es nicht mehr geben. Wie die Zukunft im Detail aussehen wird, ist auch für die Futuristen unserer Zeit nicht abzuschätzen.

In keinem anderen Bereich der Landwirtschaft haben die Strukturveränderungen deutlichere Spuren hinterlassen als in der Hof- und Hauswirtschaft.

Mögen die Bilddokumente zu diesem Thema, die dankenswerter Weise von vielen schleswig-holsteinischen Bürgern und Institutionen für die Veröffentlichung zur Verfügung gestellt wurden, im Band II »Landwirtschaft in Schleswig-Holstein« ihre eigene Sprache sprechen.

Der Verfasser

Inhalt

Vorwort 5

Arbeitskräfte in der Landwirtschaft 9
Allgemeine Betrachtungen 9
Soziale Verhältnisse – Arbeitsplatzwechsel 11
Arbeitskräfte in der Hof- und Hauswirtschaft 13

Fuhrwerke in der Landwirtschaft 21
Nutzfahrzeuge 21
Reisefahrzeuge 25
Schlitten 43
Geschirre 45

Kraftmaschinen in der Landwirtschaft 47
Der Göpel als Antriebsmaschine 47
Locomobile Dampfmaschinen 50
Windräder oder Windmotoren 53
Verbrennungsmotoren 56
Elektromotoren 58

Hofarbeiten 59
Arbeitsbeginn 59
Dreschen 67
Getreidereinigung 93
Auf dem Kornspeicher 94
Getreideschroten 96
Häcksel als Tierfutter 100
Rüben für das Rindvieh 101
Rindviehfütterung 102
Schweinefütterung 106
Kartoffeldämpfen 107
Meliorationen 109
Koppeleinfriedigungen 118
Steinbrückejäten und Hofraumsäubern 120
Wagenwaschen 122
Heidekrautmähen 123
Steineklopfen 125
Kohlputzen und -verladen 127

Brennstoffgewinnung 129
Holzgewinnung 129
Torfgewinnung 159
Didden – Feuerung in den Marschgebieten 179

Reetgewinnung 185

Milchwirtschaft 191
Rindviehhaltung aus historischer Sicht 191
Rindviehhaltung in Schleswig-Holstein 194
Melken auf der Weide 195
Wasserfahren – Kühetränken auf der Weide 240
Melken im Stall 245
Genossenschaftlicher Milchtransport 251
Kannenwäsche 255

Hauswirtschaft 257
Wasser für Haus und Hof 257
Kochen 271
Backen 285
Schlachten 297
Waschen 303
Handarbeiten 315
Hausputz 325
Sonstige Hausarbeiten 328

Gartenarbeit 331

Geflügelwirtschaft 351
Allgemeine Betrachtungen zur Hühnerhaltung 351
Allgemeine Bemerkungen zur Entenhaltung 358
Allgemeine Betrachtungen zur Gänsehaltung 360
Allgemeines über Puten und Perlhühner 365
Geflügelwirtschaft in neuer Zeit 367
Anerkannte Vermehrungszuchtbetriebe 378

Hand- und Spanndienste 383

Feierabend in Haus und Hof 387

Literatur und Bildnachweis 400

Arbeitskräfte in der Landwirtschaft

Allgemeine Betrachtungen

Nach alter Rechtsprechung zählen zum Gesinde diejenigen Personen, die sich gegenüber einem Dienstherrn zur Leistung häuslicher oder wirtschaftlicher Dienste gegen Lohn, Wohnung und Kost vertragsmäßig verpflichtet haben.

Mit der Einführung eines Reichsgesetzes vom 22. Juni 1889 unterlag das Gesinde der sogenannten Gesindeordnung, mit der eine Invaliditäts- und Altersversicherung verbunden war. Eine Krankenversicherung für Arbeitnehmer war bereits durch Gesetz vom 15. Juni 1883 eingeführt, das durch eine Novelle vom 10. April 1892 neu gefaßt wurde.

In der Landwirtschaft wurde zwischen Haus- und Hofgesinde unterschieden. Seit Aufhebung der Leibeigenschaft am Anfang des 19. Jahrhunderts beruhte das Verhältnis zwischen Dienstherrschaft und Gesinde auf dem freien Vertragswillen beider Teile.

In der Regel wurde der Gesindevertrag mündlich abgeschlossen. Bei Minderjährigen wurde der Vertragsabschluß durch ein Elternteil oder einen Vormund vorgenommen.

Schon bevor für die Heranwachsenden ein ordentliches Arbeitsverhältnis aufgenommen wurde, konnten Schüler aus sozial schwächeren Verhältnissen in den letzten Schuljahren als Hilfskräfte in der Landwirtschaft eingesetzt werden. Diese sogenannten Kostgänger wurden während der schulfreien Zeit als Dienstjungen mit leichten Arbeiten betraut – als Hilfskräfte in der Erntezeit oder zum Hüten der Kühe als Hütejungen. Neben der freien Kost wurde ihnen zum Teil auch Unterkunft gewährt, eine geldliche Entschädigung war mit diesem losen Arbeitsverhältnis nicht verbunden. Schülerinnen wurden während ihrer Schulzeit für leichte Arbeiten im Haushalt oder zur Kinderbetreuung eingesetzt.

Nach der Schulentlassung, bei Jungen nach neun, bei Mädchen nach 8 Schuljahren, traten die Jugendlichen im Alter zwischen 14 und 16 Jahren ihre erste Stelle an, die Jungen als Zweiter Knecht oder Zweiter Junger Mann mit Familienan-

Arbeitskräfte

schluß zur Ausbildung in der Landwirtschaft, die Mädchen als sogenannte Junge Mädchen als Stütze der Hausfrau im Haushalt. Lehrlinge in der Land- und Hauswirtschaft mit einem ordentlichen Lehrvertrag wurden erst seit den 20er Jahren ausgebildet.

Grundsätzlich gab es sowohl für männliche als auch für weibliche Arbeitnehmer zwei unterschiedliche Arbeitsverhältnisse – diejenigen mit Familienanschluß und auf der anderen Seite dieselben ohne Zugehörigkeitsverhältnis zur Familie. Im Haushalt wurde daher zwischen einem Jungen Mädchen mit Familienanschluß und einem Außenmädchen unterschieden. Letztere wurden neben der Hausarbeit auch zu Feldarbeiten und für das Melken herangezogen.

Nach einigen praktischen Arbeitsjahren, die vorwiegend der Ausbildung im Beruf dienten, konnten sich die jungen Arbeitskräfte nach einer neuen, besser bezahlten Tätigkeit auf einem anderen Arbeitsplatz umsehen; aus einem Zweiten Knecht wurde ein Erster Knecht und aus einem Zweiten Jungen Mann der Erste Junge Mann, der meist das erste Pferdegespann übernahm. Das waren die besten Pferde des Hofes, die auch vor die Kutsche gespannt wurden. Bei der Ausbildung seiner jüngeren Kollegen unterstützte er den Betriebsleiter. Die Jungen Mädchen waren nach einigen Ausbildungsjahren befähigt, einen Haushalt selbständig zu führen. Oft nahmen sie eine Stelle im frauenlosen Haushalt an und nannten sich danach Haushälterin.

Mit der Verheiratung der Jungen Leute änderten sich auch deren Arbeitsverhältnisse. Auf größeren Höfen konnten solche Arbeitskräfte als Deputatarbeiter eingestellt werden und bezogen dann eine Werkwohnung in einem hofeigenen Arbeiterhaus. Mit einem geringen Barlohn und mit Naturalien wie Milch, Brotgetreide und Futterkorn zum Mästen von Schweinen und für die Hühnerhaltung wurden diese entlohnt. Daneben wurde den Deputatarbeitern eine Landfläche für den Anbau von Kartoffeln zur Verfügung gestellt, zu der freien Wohnung wurde ihnen auch die Feuerung ausgeliefert.

Für die Milchviehhaltung auf größeren Betrieben wurden ledige und verheiratete Melker, auch Schweizer genannt, eingestellt. Das tariflich festgesetzte Arbeitspensum wurde nach der Anzahl der gehaltenen Kühe bemessen. Bei Melkerehepaaren konnte auch für die Ehefrau als Gehilfin ihres Ehemannes ein Arbeitsvertrag abgeschlossen werden. Für besonders gute Leistungen im Rindviehstall wurden Sondervergütungen ausgeschüttet.

Auf großbäuerlichen Betrieben und Gutsbetrieben wurden Wirtschafter, Verwalter oder Inspektoren zur Unterstützung des Betriebsinhabers eingestellt.

Die Verantwortungsbereiche des Wirtschafters lagen meist auf dem Gebiet der Feldarbeit, während Verwalter und Inspektoren für den Gesamtbetrieb verantwortlich waren, eingeschlossen die Viehwirtschaft, bei der ein sogenannter Haushalter als Aufsichtsperson für das Melkpersonal fungierte.

Für den inneren Dienst des Hofes war oft ein Vogt verantwortlich, der auch die Schlüsselgewalt über die Futtervorräte besaß.

Neben den fest angestellten Arbeitskräften gab es die Aushilfskräfte, an erster Stelle die immer zur Verfügung stehenden Tagelöhner, meist Kätner aus der Nachbarschaft, die sich auf den größeren Betrieben ein Zubrot verdienen konnten. Bei Großeinsätzen in der Erntezeit und beim Dreschen konnten Großbetriebe auf Wanderarbeiter zurückgreifen, die im Jahresablauf saisonbedingt Arbeiten annahmen. Sogenannte Monarchen als Wanderarbeiter haben in Dithmarschen und auf der Insel Fehmarn ihre festen Anlaufpunkte aufgesucht.

Im Haushalt der Großbetriebe gab es eine feste Hierarchie. Die Mamsell hatte in Vertretung der Gutsherrin die Oberaufsicht über Haus und Küche, ihr zur Seite standen die Stuben- und Küchenmädchen.

Für die Versorgung des Geflügels war meist eine ältere erfahrene Kraft eingestellt, oft die Ehefrau eines Deputatarbeiters.

Bei Sonderarbeiten auf den Höfen standen ältere Dorfbewohner zur Verfügung, die beim Schlachten, Backen oder bei der Großen Wäsche Aushilfsdienste anboten.

Soziale Verhältnisse – Arbeitsplatzwechsel

In älterer Zeit wurde zwischen dem Dienstherren und dem einzustellenden Personal in der Regel ein mündlicher Vertrag geschlossen, in dem die Dauer des Dienstverhältnisses, die Länge der täglichen Arbeitszeit und die Höhe des Lohnes festgelegt wurden.

Dieser Vertrag wurde bereits bei einem Vorstellungsgespräch, das in einer persönlich gehaltenen Atmosphäre in der neuen Arbeitsstelle geführt wurde, geschlossen. Bei jüngeren, unmündigen Arbeitsuchenden war in den meisten Fällen ein Elternteil Verhandlungsführer. Wenn eine Einigung über die Einstellung erfolgte, wurden die Einzelheiten über den Arbeitsplatzwechsel vereinbart: Ledige Arbeitskräfte konnten oder mußten, je nach den gegebenen Verhältnissen, ihre persönlichen Möbel wie Kleiderschrank, Kommode oder Wä-

Arbeitskräfte

schekiste auf die neue Arbeitsstelle mitnehmen, der Transport dorthin wurde nach einem Gewohnheitsrecht vom vorherigen Arbeitgeber durchgeführt.

Arbeitsplatzwechsel am 1. April 1936. Der Kleiderschrank eines Jungen Mannes ist auf dem Kastenwagen verladen. Eine dicke Lage Stroh als Unterlage verhindert eine Beschädigung des Möbelstückes auf dem nicht gefederten Fahrzeug.

Für die verheirateten Arbeitskräfte, die eine Werkwohnung bezogen, wurde der Möbeltransport meist vom neuen Arbeitgeber unterstützt.

Am Einstellungstag übergaben die Arbeitskräfte dem neuen Chef ihre »Papiere«, das war die sogenannte Invalidenkarte, in der die sozialen Abgaben der Arbeitgeber in Form der eingeklebten Invalidenmarken enthalten waren.

Termine für den Arbeitsplatzwechsel waren in den meisten Fällen der 1. April oder der 1. Oktober.

Arbeitskräfte in der Hof- und Hauswirtschaft

Selten waren alle Arbeitskräfte des Hofes versammelt – wie in der Getreideernte um 1910, wenn alle Hände benötigt wurden – oder beim Dreschen um 1920, wenn auch Aushilfskräfte eingesetzt werden mußten.

Arbeitskräfte

Auf einem größeren Betrieb im Herzogtum Lauenburg um 1920. Gemeinsam wird an einem Dreschtag die Mittagsmahlzeit eingenommen. In Milchkannen ist die Erbsensuppe aufs Feld transportiert worden.

Um 1930. Auf einem größeren Betrieb wurde gedroschen. Zur kurzen Mittagspause haben sich die Jungen Leute, die Lehrlinge und die Landarbeiter ins Stroh gelegt, Chef und »Junior« haben sich dazu gesetzt.

Arbeitskräfte

Auf einem Gut in Ostholstein um 1910. Die Mamsell mit ihren Küchenmächen, die ihre Arbeiten demonstrieren.

Um 1925 auf einem Gutsbetrieb im Kreis Plön. Haus-, Stuben- und Küchenmädchen in ihrer Arbeitskleidung.

Arbeitskräfte

Um 1950. An einem Sonntagnachmittag auf einem Lehrbetrieb. Landwirtschafts- und Hauswirtschaftslehrlinge zusammen mit ihrem älteren Arbeitskollegen, einem ehemaligen Bauern aus Pommern, der als Flüchtling mit seiner Familie auf den Hof gekommen war und ein guter Freund und Kamerad der jungen Leute wurde.

Arbeitskräfte

Um 1900. In den Kellerräumen eines Gutshauses befindet sich neben der Wirtschaftsküche auch der Aufenthaltsraum für die Hofarbeiter.
Ledige Arbeitskräfte und verheiratete Landarbeiter, die nicht auf »eigene Kost« zurückgreifen können, weil ihre Arbeitsstelle zu weit von ihrer Wohnung entfernt ist, nahmen in diesen Räumen ihre Mahlzeiten ein.
Das urtümliche Kellergewölbe, der Fußboden aus großen Steinplatten und das bescheidene Mobiliar verleihen dem Raum eine kalte und ungemütliche Atmosphäre, die die damaligen sozialen Verhältnisse widerspiegelt.

Arbeitskräfte

Um 1920. Auf dem Marktplatz von Wesselburen ist Arbeitskräftemarkt. Hier warten auch die »Monarchen« auf eine Möglichkeit, irgendwo eine Arbeitsstelle für eine möglichst kurze Zeit zu finden. Langes Ausharren auf einer Arbeitsstelle ist nicht ihre Devise.

»Monarchen« um 1920 in Dithmarschen. Ein Bild sozialen Elends bieten diese drei »Ritter der Landstraße«, die sich beim Dreschen einen Tagelohn verdienten, den sie am Abend in »flüssige Nahrung« umsetzten. Ihr Lager am Wegesrand ist oft auch ihre Schlafstelle.

Arbeitskräfte

Um 1930, ein »Monarch« auf Fehmarn. Er stammte aus Berlin, hatte Philologie studiert und als Studienrat an einem Gymnasium unterrichtet; angeblich beherrschte er 15 Sprachen! Dann war er dem Alkohol verfallen, verlor seine Anstellung und zog fortan als Gelegenheitsarbeiter durch das Land. Auf Fehmarn, wo er seine festen Anlaufpunkte hatte, nannte man ihn »Schwarzer Peter«.

Arbeitskräfte

Arbeitskräftemarkt in Marne um 1910. Vor einer Gastwirtschaft in der Kleinstadt versammelten sich die Arbeitswilligen, um einen längerfristigen Arbeitsvertrag einzugehen oder eine kurzfristige Saisonarbeit anzunehmen.

Um 1925 in Dithmarschen. Die Gemeinde Hedwigenkoog baute für die Wander- und Saisonarbeiter eine eigene Unterkunft, man nannte dieselbe »Kaserne«.

Fuhrwerke in der Landwirtschaft

Nutzfahrzeuge

Von Pferden oder von Rindern gezogene landwirtschaftliche Nutzfahrzeuge dienten dem Transport von landwirtschaftlichen Gütern oder von solchen, die in der Landwirtschaft verwendet wurden.

Das Universalfahrzeug war seit Jahrhunderten der ungefederte Kastenwagen, ein aus Vorder- und Hinterwagen bestehender Unterwagen und dem auf demselben liegenden Kasten. Die Verbindung zwischen den beiden Teilen des Unterwagens wird durch den Langbaum des Hinterwagens herbeigeführt, der durch einen Bolzen an Drehschemel und Vorderachsholz des Vorderwagens befestigt ist.

Profile vom Unterwagen   **Kastenwagen**

oben: Seitenansicht
unten: Aufsicht

Zeichenerklärung

  aus Buchenholz:
a Vorder- und Hinterarme
b Langbaum
c Hinteres Querholz
d Vorderes Querholz
e Vorder- und Hinterschemel
f Rungen

  aus Ulmenholz:
g Nabe

  aus Eichenholz:
h Speichen

  aus Buchenholz:
i Felgen
k Vorder- und Hinterachsholz

  aus Eschenholz:
  Deichsel

  aus Kiefern- oder Fichtenholz:
  Wagenaufbau – Unterbrett,
  Seitenbretter und Schotten

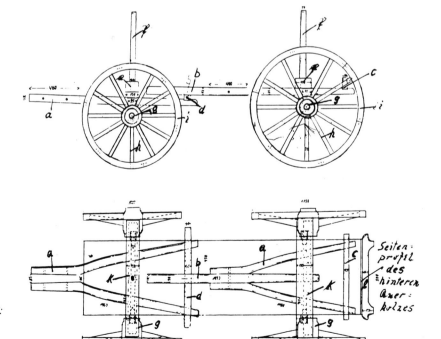

Fuhrwerke

Der Aufbau des Kastenwagens besteht aus dem Unterbrett, den beiden Seitenbrettern und den beiden Schotten (Vorder- und Hinterschott). Die beiden Seitenbretter sind durch eine Stange mit dem Unterbrett verankert und die Schotten durch Schottstangen mit den Seitenbrettern verbunden. Seitlichen Halt erhält der gesamte Wagenaufbau durch die Rungen in Vorder- und Hinterschemel.

Der landesübliche Kastenwagen mit Aufbau.
Bei Leerfahrten steht der Kutscher in der Regel balancierend in der Mitte des Wagens, eine gewisse Stütze gibt ihm dabei die Leine.

Nur selten wird bei ungefederten Wagen ein Sitzbrett verwendet, das über die beiden Seitenbretter gelegt wird.

Fuhrwerke

Die zweite Fahrzeuggruppe im Bereich der Nutzfahrzeuge wurde durch die zweiachsigen gefederten Rollwagen gestellt, die ein- oder zweispännig gezogen wurden.

Rollwagen, gefedert und mit Hinterradbremse, geeignet für den Transport mittelschwerer Lasten (z. B. Getreidesäcke), auch als Milchwagen verwendbar.

Dabei wurden die leichteren Fahrzeugtypen dieser Gruppierung vorwiegend als sogenannte Einspänner-Milchwagen in der Landwirtschaft verwendet. Diese Fahrzeuge besitzen gleichermaßen den vor oder über der Vorderachse befindlichen Kutscher- und Beifahrersitz. Eine mehr oder weniger große Plattform mit niedrigen Seitenwänden und einer schmalen Hinterklappe bietet Platz für eine mittlere Lastenbeförderung.

Ein Universalfahrzeug war der Seeländer, der sowohl als Nutzfahrzeug verwendet als auch mit Sitzbänken für den Personentransport ausgerüstet werden konnte.

Seeländer – mit einer Sitzbank ausgerüstet, die auf die Seitenbretter des Plattformwagens aufgesetzt wird. Für einen erweiterten Personentransport läßt sich eine zweite Sitzbank montieren.

Fuhrwerke

In Ausnahmefällen wurden auch einachsige gefederte Transportwagen mit einer Normalhöhe gebaut, auf der Plattform war eine Sitzbank fest montiert. Für die Milchanlieferung bei Meiereien ohne Rampe wurden auch einachsige Milchwagen mit abgesenkter Ladefläche eingesetzt.

Zweirädriger Milchwagen, auch für kleinere Transporte geeignet.

Die ursprüngliche Eisenbereifung wurde am Ende der 30er Jahre oft durch eine Gummibereifung ersetzt.

Gefederter Plattformwagen mit Kutschersitz. Als Milchwagen, mit Gummibereifung ausgerüstet, wurden diese Fahrzeuge um 1950 vielerorts eingesetzt.

Reisefahrzeuge

Bei den in der Landwirtschaft verwendeten Fahrzeugen muß zwischen Nutzfahrzeugen und Reisefahrzeugen unterschieden werden, wobei es bei letzteren Übergänge zwischen vielseitig verwendbaren Transportfahrzeugen und speziellen Reisefahrzeugen gibt.

Im frühen Mittelalter entstand der Beruf des Wagenbauers, in süddeutschen Regionen auch Wagner genannt, in Schleswig-Holstein als Stellmacher oder Rademacher bezeichnet. Im Laufe eines halben Jahrtausends hat sich die Kunst des Wagenbauens bis zum Beginn des Autozeitalters vervollkommnen können. In den unterschiedlichen Regionen wurden bestimmte Wagentypen bevorzugt, wobei Grundmodelle von ein- und zweiachsigen Fahrzeugen in weiten Teilen der Welt zu finden waren. Den örtlichen Handwerkern war es dann selbst überlassen, eigene Vorstellungen, bestimmte Wünsche der Kunden und Auftraggeber und die sich dauernd verändernde Mode bei der Konstruktion zu berücksichtigen. Bei den im letzten Jahrhundert gebauten und verwendeten Reisefahrzeugtypen lassen sich einachsige und zweiachsige Wagen unterscheiden. Die Anspannung richtet sich nach der Schwere der Fahrzeuge.

Gig, zweirädriges, zweisitziges Einspännerfahrzeug mit Gabeldeichsel. Das Pferd trägt ein Gig-Geschirr, das Kopfstück ist mit einer Liverpool-Kandare ausgerüstet.

Fuhrwerke

Gig – Landanspannung: Gig-Geschirr, Kopfstück mit Trensengebiß.

Dogcart, bespannt mit einem »Doppelpony«.
Geschirr: Kumtgeschirr mit Hinterzeug, Kopfstück mit Doppelringtrensengebiß.

Dogcart. Anspannung: Sielen- oder Brustblattgeschirr ohne Hintergeschirr, Kopfstück mit Postkandare.

Fuhrwerke

*Rally-Car, ein dem Dogcart ähnliches Einspännerfahrzeug. Durch ein Verschieben der Sitzbank nach vorn entsteht ein Notsitz für zwei Personen im Rücken der Vordersitze; durch Herunterlassen einer Klappe wird eine Plattform als Fußstütze für die hintere Sitzbank geschaffen.
Anspannung: Kumtgeschirr mit Hintergeschirr, Kopfstück mit Doppelringtrensengebiß.*

Rally-Car – Anspannung mit Kumtgeschirr ohne Hintergeschirr. Kopfstück mit Liverpool-Kandare.

Eine Schleswiger Zuchtstute vor der Rally-Car. Das Pferd trägt ein Gig-Geschirr mit Hintergeschirr, das Kopfstück ist mit einem Trensengebiß ausgerüstet.

Fuhrwerke

Tonneau, in Schleswig-Holstein auch Jumper genannt – zweirädriges, einspännig gezogenes Fahrzeug mit tonnenähnlichem Aufbau und seitlich angeordneten Sitzbänken für vier Personen, die durch eine rückwärtig angeordnete Tür zu erreichen sind.

Der Platz des Kutschers ist hinten auf der rechten Sitzbank, die durch eine Einbuchtung für das rechte Bein ein bequemes Sitzen erlaubt. Für mitgeführte Regenschirme ist auswärtig ein Schirmkorb angebracht.

Spider oder Spinne, »Selbstfahrer« – leichtes, vierrädriges Einspänner-Fahrzeug für zwei Personen.

Fuhrwerke

Phaeton – leichtes zwei- bis viersitziges Fahrzeug, ein- oder zweispännig gezogen, mit Bocksitz für zwei Personen und einem Notsitz für ein bis zwei weitere Mitfahrer.
Ohne diesen Sitz eignet sich das Fahrzeug auch für kleine Transporte.

Phaeton, als Milchwagen verwendet.

Fuhrwerke

Gettorfer. Der Rücksitz läßt sich herunterklappen, dadurch entsteht hinter den Vordersitzen eine kleine Ladefläche.

Fuhrwerke

Wagonetten werden im Normalfall zweispännig gefahren. Der Bocksitz befindet sich hinter der Vorderachse über dem Radausschnitt, die hinteren Sitzplätze sind auf zwei von hinten zugänglichen Bänken so angeordnet, daß die Fahrgäste mit Blickrichtung quer zur Fahrtrichtung placiert sind.

Wagonette. Die Hintersitze sind zum Inneren des Wagens zusammengeklappt, so daß hinter der vorderen Sitzbank eine Ladefläche entstanden ist.

Fuhrwerke

Breaks sind im Normalfall zweispännig gefahrene Wagen, die urpsrünglich zum Einfahren junger Pferde verwendet wurden. Hinter dem hoch über der Vorderachse befindlichen Fahrer- und Beifahrersitz ist der Wagenaufbau mit zwei längsgerichteten Sitzbänken ausgerüstet, auf dem bis zu sechs Personen Platz finden.

Breaks. Landanspannung ohne Hintergeschirr – Kopfstück mit Doppelringtrensengebiß.

Fuhrwerke

Vis-à-vis. Ein- und zweispännig gezogenes Fahrzeug für vier Personen. Die Vorderachse liegt vor dem Wagenaufbau. Der Kutscher sitzt auf der hinteren Sitzbank.

Vis-à-vis, bespannt mit einem Schleswiger als Einspänner.

Fuhrwerke

Vis-à-vis mit Fahrersitz für Pony-Zug.

Fuhrwerke

Vis-à-vis mit aufgesetztem Kutscherbock über der Vorderachse. Solche Fahrzeuge wurden auch als Bockwagen bezeichnet.

Bockwagen – von einem Pferd gezogen.
Geschirr: Sielengeschirr mit Hinterzeug, Kopfstück mit Doppelringtrensengebiß.

Fuhrwerke

Chaise – halboffener Wagen mit herunterklappbarem Verdeck für die hinteren Sizplätze.

*An schönen, trockenen Tagen wird das Verdeck der Chaise heruntergeklappt.
Während des Einsteigens der Fahrgäste halten der Kutscher oder sein Beifahrer die Pferde am Zügel.*

Fuhrwerke

Jagdwagen sind die größten, schwersten und komfortabelsten offenen Ausfahrwagen mit mindestens vier, in der Regel aber mit sechs Sitzplätzen. Hinter dem mäßig hohen Kutscherbock mit Beifahrersitz ist der Wagenaufbau geräumig und bietet Platz für eine oder zwei weitere Sitzbänke.

Zweispännig gezogener Jagdwagen. Zwei Schleswiger Zuchtstuten sind angespannt. Hinter dem Kutscherbock befindet sich ein Notsitz, so daß auf dem Wagen sechs Personen Platz haben.

Der Kutscher hat den Jagdwagen vor die Haustür gefahren. Bevor die Fahrgäste auf dem Wagen Platz nehmen können, werden die abnehmbaren Sitzkissen, die im Hause trocken lagern, auf die Sitzbänke gelegt.

Fuhrwerke

Die Fahrgäste haben auf dem Wagen Platz genommen und zum Schutz vor Kälte und Regen das Knieleder über die Knie gelegt. Der Kutscher hat Leine und Peitsche aufgenommen, die Fahrt kann beginnen.
Jagdwagen, einspännig gezogen. Geschirr: Sielengeschirr, Kopfstück mit Postkandare.
Die Räder des Jagdwagens sind hartgummibereift.

Die Fahrt mit dem von zwei Pferden gezogenen Jagdwagen beginnt. An der Haltung des älteren Fahrgastes auf der Sitzbank hinter dem Kutscherbock ist zu erkennen, daß diese Plätze nur Notsitze darstellen.

Fuhrwerke

Sechssitziger Jagdwagen mit »gepflegter« Landanspannung. Die Pferde tragen Kopfstücke mit Postkandare.

Eine spezielle Bauweise bietet der Achenbach-Wagen wegen der beiden durch Türen verschließbaren Zugänge zu den hinteren Sitzbänken.
Ein im Bau befindlicher Achenbach-Jagdwagen. Die Stellmacher-, Schmiede- und Malerarbeiten sind erledigt, jetzt muß noch der Polsterer seinen Arbeitsanteil liefern.

Fuhrwerke

Achenbach-Jagdwagen mit Hartgummibereifung, ausgerüstet für vier Personen.

Der Landauer oder der »Dichte Wagen« ist die »Nobelkarosse« aller Reisefahrzeuge. Kutscher- und Beifahrersitz befinden sich hoch angeordnet kurz hinter der Vorderachse des Wagens. Die beiden hinteren gegenüberliegenden Sitzbänke sind durch ein Lederverdeck geschützt, das durch Eisenbügel zusammengehalten und nach vorn und hinten aufklappbar ist.

Fuhrwerke

Zwei Holsteiner vor dem geschlossenen Landauer. Auf dem hohen Kutscherbock sitzt der Kutscher im zünftigen Livree.

Kurze Rast bei der Fahrt mit dem offenen Landauer durch die Feldmark eines Gutsbetriebes.

Fuhrwerke

Der offene Landauer mit der Anspannung von sechs Holsteiner Pferden für die Vorführung bei einem ländlichen Reit- und Fahrturnier.
Die Pferde tragen Sielengeschirre und Kopfstücke mit Liverpool-Kandare.

Fuhrwerke

Schlitten

Der komfortable Schlitten bietet Platz für vier Personen. Im Einspänner eine Schleswiger Zuchtstute mit »aufgebundenem« Schweif.

Zwei schwere Holsteiner vor einem Schlitten mit einfachem Aufbau für vier Personen. Auf dem Rücken der Pferde liegen Glockenkissen, die an den Kammkissen des Geschirrs befestigt sind.
Die Pferde tragen Sielengeschirre, die Kopfstücke sind mit Doppelringtrensengebissen ausgerüstet.

Fuhrwerke

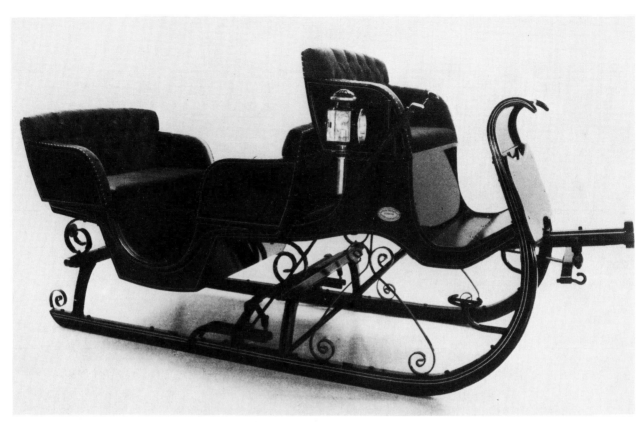

Luxus-Schlitten für sechs Personen. Der Schlitten ist mit einer Bremse ausgerüstet. Mit Hilfe einer Handkurbel, die der Kutscher bedienen kann, werden klauenartige Greifer über die Kufen nach unten gedrückt und können auf diese Weise den Schlitten auf vereistem Untergrund abbremsen.

Die Sitzbank für Kutscher und Beifahrer ist erhöht angeordnet. Mit einer leichten netzartigen Decke, die vom Kammkissen der Geschirre bis zum Schlitten die Hinterhand der Pferde überdeckt, wird verhindert, daß durch aufgewirbelten Pulverschnee die Schlitteninsassen belästigt werden.

Fuhrwerke

Geschirre

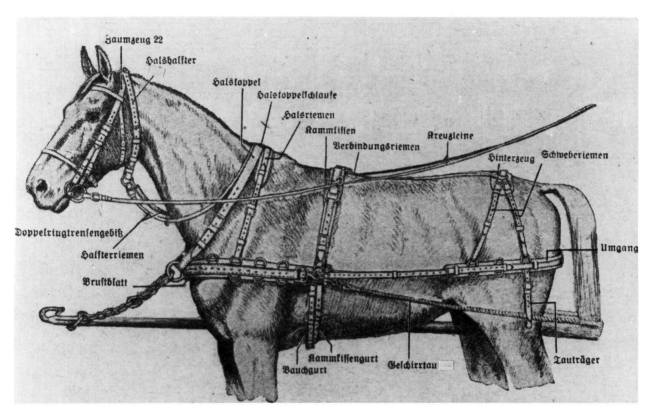

Das vollständige Sielengeschirr für die Anspannung an der Deichsel.

Das einfache Sielengeschirr für Vorder- und Mittelpferde.

Fuhrwerke

Das Kumtgeschirr. Für eine Kutschenanspannung wird oft auch das Kumtgeschirr verwendet, dessen Kumtkissen an Schulter und Brust des Pferdes anzuliegen hat.

*Fahrgebisse –
links oben: Liverpool-Kandare mit Kinnkette
rechts oben: Postkandare mit Kinnkette
unten: Doppelringtrensengebiß.*

Kraftmaschinen in der Landwirtschaft

Der Göpel als Antriebsmaschine

Beim Göpelantrieb werden zwei Systeme unterschieden:
Beim Rundganggöpel ziehen die Tiere in einer Kreisbahn an Zugbäumen, die eine in der Mitte der Bahn befindliche Welle in Umdrehung bringen. Durch Zahnräder wird die Kraft auf eine horizontal liegende Welle übertragen, die ihrerseits mit der anzutreibenden Maschine verbunden ist und dieselbe in Bewegung setzt. Bei diesem »Liegenden Göpel« müssen die Zugkräfte über die liegende Welle hinwegtreten. In einem anderen Falle wird bei dem sogenannten »Säulengöpel« die Kraft mittels einer Riementransmission weitergeleitet; bei dieser Göpelform gehen die Zugtiere unter dem Treibriemen hindurch. Die Anzahl der Tiere, die diese Göpel antreiben, variiert zwischen 1 und 4.

Das zweite Göpelsystem betrifft den sogenannten Tretgöpel. Ein Pferd steht auf einem über Rollen liegenden Endlosband in einer schräg gestellten Kiste. Durch die Vorwärtsbewegung des Pferdes wird das Band in Umlauf gesetzt, das seinerseits ein mit den Rollen verbundenes Antriebsrad in Drehung bringt. Mit Hilfe eines Treibriemens wird die Maschine angetrieben.

Um 1920. Auf einer Kate wird der Göpel von einem Pferd gezogen. Das Göpelgestänge ist unter der Erdoberfläche verlegt und wird somit vom Pferd übertreten. Ein älterer Mann treibt das Pferd an, das den Göpel in möglichst gleichmäßige Bewegung setzen muß, damit sich auch die anzutreibende Maschine mit konstanter Tourenzahl dreht.

Kraftmaschinen

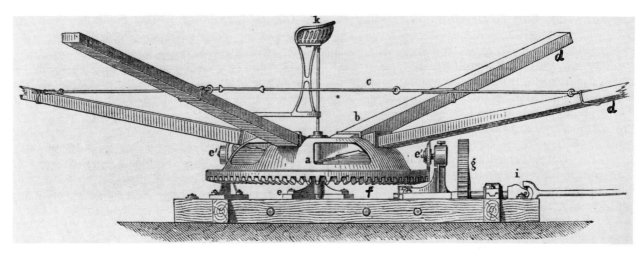

Der Vier-Pferde-Göpel. Das Glockenrad a dreht sich auf einem in der Grundplatte e eingesetzten Zapfen, durch drei Laufrollen é wird das Glockenrad geführt. Dieses ist mit vier Schuhen b versehen, welche die langen Göpelarme d aufnehmen, an denen die Pferde ziehen. Mit Spannstangen c sind diese Arme untereinander verstrebt, um die Zugkräfte auszugleichen. Durch den konischen Zahnkranz f des Glockenrades wird ein Getriebe und das auf seiner Achse sitzende Stirnrad g in Umdrehung versetzt. Dieses greift wieder in ein Getriebe, auf dessen Welle das Universalgelenk i sitzt, von welchem die Bewegung auf die Arbeitsmaschine übertragen wird. In dem Korb k sitzt der Pferdetreiber.

Der liegende Göpel, ein Vier-Pferde-Göpel, ist mit einer Dreschmaschine verbunden. Das vom Göpel zur Dreschmaschine führende Gestänge ist im Bereich des Göpelrundgangs unterirdisch verlegt und kann so von den Pferden übertreten werden.

Der Zwei-Pferde-Göpel. Beim Säulengöpel werden die Maschinen mit Riemen angetrieben. Die Pferde gehen unter dem Antriebsriemen hindurch.

Kraftmaschinen

Um 1900. Der Tretgöpel in Betrieb. In einer mit einem bestimmten Winkel schräg gestellten Kiste versucht das Pferd, die Schrägung zu erklimmen. Infolge der Schwere und des von den Hinterbeinen ausgeübten Druckes wird ein Endlosband in Bewegung gesetzt, die wiederum auf ein großes Antriebsrad übertragen wird.

Kraftmaschinen

Locomobile Dampfmaschinen

Bis 1770 waren die bis zu dieser Zeit erfundenen Dampfmaschinen auf einer einfachen Stufe stehengeblieben. 1768 gelang es dem Engländer James Watt, eine Dampfmaschine zu bauen, die bis zum Anfang des 20. Jahrhunderts in ihrer Vollkommenheit kaum zu verbessern war.

Bei dieser Maschine bewirkte der erzeugte Dampf durch Druckwirkung und Erzeugung eines Vakuums durch Kondensation den Niedergang eines Kolbens, der durch Gegengewichte wieder in die Höhe gezogen wurde. 1776 wurde in England die erste große Dampfmaschine mit einem Kolbendurchmesser von 50 Zoll gebaut. Bereits 1810 wurde die Zahl der in England arbeitenden Dampfmaschinen auf 5000 geschätzt. In Preußen wurde die erste Maschine nach dem Watt'schen System 1788 zum Wasserheben aufgestellt. Danach begann der Siegeszug der Watt'schen Maschinen in der ganzen Welt.

Nach dem Erlöschen der Watt'schen Patente wurde in Deutschland 1804 die erste Zweizylindermaschine erfunden und patentiert. Dampfmaschinen wurden in allen Bereichen der Wirtschaft eingesetzt – in der Industrie, in der Schiffahrt und bei der Eisenbahn und zuletzt auch in der Landwirtschaft zum Antrieb der erfundenen Großmaschinen und als Locomobilen beim Dampfpflügen.

Mit Beginn des 20. Jahrhunderts verloren die Dampfmaschinen ihre Monopolstellung als Kraftmaschinen, sie wurden durch Verbrennungs- und Elektromotoren ersetzt. Heute ist die Dampfmaschine gänzlich aus dem Kraftmaschinendepot ausgeschieden.

Locomobile Dampfmaschine, 4–6 Pferdekraft, gebaut um 1850 von der Carls-Hütte in Rendsburg.

Kraftmaschinen

Locomobile von Garret & Sons, 7 Pferdestärken, gebaut um 1860.

Eine Dampfmaschine mit stehendem Kessel gehörte um 1880 zu den Ausnahmen bei der Konstruktion solcher Kraftmaschinen.

Kraftmaschinen

In Schleswig-Holstein wurden die letzten Dampfmaschinen noch kurz nach dem 2. Weltkrieg in einigen Betrieben eingesetzt. In Lohnunternehmen und Genossenschaften wurden sie zum Antrieb von Großdreschmaschinen verwendet.

Kraftmaschinen

Windräder oder Windmotoren

Um 1890 wurden die ersten Windkraftanlagen in der Landwirtschaft Schleswig-Holsteins eingesetzt. Sie waren weder Abkömmlinge der Bockmühlen, die am Ende des 11. Jahrhunderts erfunden wurden, noch der Holländermühlen, wie sie der 1573 zuerst in Leiden in Holland erbauten Windmühle entsprachen, sondern diese sogenannten Windrosen wurden 1876 in Amerika erfunden und in Europa nachgebaut. Ein bedeutendes Unternehmen, das sich auf den Bau dieser Windräder spezialisiert hatte, war die Firma Köster in Heide.

Die aus Eisen erbauten Windkraftanlagen waren in den meisten Fällen auf Gebäuden montiert. Sie eigneten sich zum Antrieb von Maschinen in der Hofwirtschaft, bei denen es nicht auf einen gleichmäßgen Lauf ankam – das waren in erster Linie Häckselmaschinen, Wasserpumpen, Schrotmühlen und Rübenschneidemaschinen. Bei Dreschmaschinen war der Einsatz nur bedingt möglich, weil hier ein gleichmäßig hochtouriger Lauf gefordert war.

Der Einsatz der Windrosen in Schleswig-Holstein war in jedem Falle wegen der bestehenden Windverhältnisse problematisch. Bei den hier auftretenden Windböen wurden die meisten Windräder ein Opfer der Stürme.
Nach dem 1. Weltkrieg sind hier nur noch wenige neue Windanlagen gebaut worden.

Kraftmaschinen

Auf manchen Gebäuden von Katen und Höfen wurden mit dem Beginn des 20. Jahrhunderts Windräder installiert. In den meisten Fällen standen sie auf einer Pyramide mit quadratischer Grundfläche auf dem Scheunendach. Über Kegelräder wurde die drehende Bewegung der Windrose auf eine senkrecht stehende Welle, ähnlich der Königswelle in einer Holländermühle, übertragen, die ihrerseits eine Transmission im Scheunenraum in Drehung versetzte. Über diese Transmission konnten verschiedene Maschinen angetrieben werden, die in der Scheune stationiert waren.

Bei gleichmäßigem Wind mit einer Stärke von 4–6 erreicht die Windrose ihre optimale Leistung. Böen sind für diese Windräder äußerst schädlich, in vielen Fällen haben Stürme die Anlagen zerstört.

Kraftmaschinen

Wohl einmalig in Schleswig-Holstein war der Antrieb von landwirtschaftlichen Maschinen durch eine Holländer-Windmühle. Der Mühlenbesitzer, der zugleich einen landwirtschaftlichen Betrieb bewirtschaftete, trieb mit der Windkraft eine Transmission im Stallgebäude an, der Antrieb erfolgte mit Hilfe eines über 50 m langen Drahtseils.

Kraftmaschinen

Verbrennungsmotoren

Um 1870 wurde der erste Verbrennungsmotor durch Nikolaus August Otto (1832-1891) erfunden. Das Wesentliche bei dieser Maschine war die Verbrennung eines Gemisches von Gas und Luft in einem Zylinder. Mit Hilfe von Vergasern gelang es, leicht verdunstende flüssige Brennstoffe wie Benzin, Spiritus, Petroleum, Benzol und andere in einen Luftstrom hinein zu zerstäuben, so daß das Brennstoff-Luft-Gemisch im Zylinder bei entsprechender Temperatur schnell verdampfen und bei Zündung schlagartig unter Energiefreisetzung verbrennen konnte. Mit dieser Erfindung war der Weg frei für die Entwicklung der mobilen Antriebsmaschinen auch für die Landwirtschaft.

Besonders in Deutschland wurde in der Zeit nach dem 1. Weltkrieg mit viel Einsatz daran gearbeitet, die weniger teuren schwer siedenden Öle bei den Verbrennungsmaschinen einzusetzen. Mit Hilfe des Glühkopfmotors gelang es, die preiswerten mittelschweren Treiböle zu verbrennen. Dem Konstrukteur Huber gelang es, den Lanz-Bulldog-Rohölschlepper zu einer erfolgreichen Antriebs- und Arbeitsmaschine in der Landwirtschaft zu entwickeln. Mit der Konstruktion eines Motors zur Verbrennung der schweren und schwersten Teeröle gelang Rudolf Diesel (1858-1913) eine Erfindung, die sich bis in die neueste Zeit alle Motorenkonstrukteure der Welt zunutze machen. Der Diesel-Motor ist diejenige Kraftmaschine mit dem höchsten Wirkungsgrad.

Um 1930 – Deutzer Benzinmotor, liegende Bauart, Ventilverkapselung abgenommen.

Kraftmaschinen

Der Lanz-Bulldog-Rohöl-schlepper, um 1930 eine der erfolgreichsten Antriebsmaschinen in der Landwirtschaft.

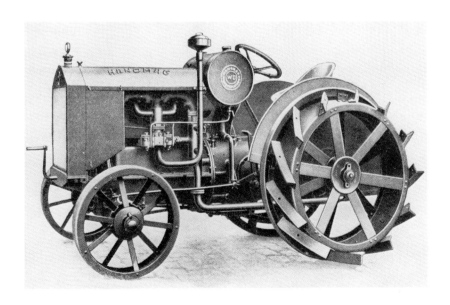

Hanomag, 28 PS, Radschlepper mit Dieselmotor um 1930.

Kraftmaschinen

Elektromotoren

Seit dem Anfang des 20. Jahrhunderts begann der elektrische Strom seinen Siegeszug in allen Bereichen des Wirtschaftslebens. Auch die Landwirtschaft bediente sich dieser Energieform und nutzte die Antriebskräfte der Elektromotoren für festinstallierte und in näheren Bereichen von der Stromquelle eingesetzte Maschinen. Zwei verschiedene Motorenarten wurden im landwirtschaftlichen Bereich verwendet – einmal die Drehstrommotoren mit einer Sterndreiecksschaltung für den Antrieb kleinerer Maschinen und zum anderen die sogenannten Schleifringmotoren mit größeren Leistungen. Für den Antrieb mehrerer Standmaschinen wurden zwischen diesen und dem Antriebsmotor Transmissionen eingeschoben.

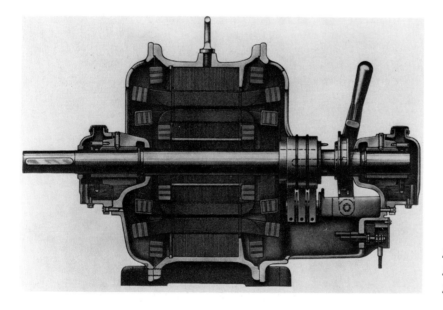

Schematische Darstellung eines Schleifringmotors der Siemens-Schuckertwerke AG um 1930.

Zur Beweglichmachung der schweren Elektromotoren in der Landwirtschaft wurden von örtlichen Stellmachern nach eigenen Bauplänen Motorwagen gebaut, die einen kastenförmigen Aufbau besaßen.
Die Motoren waren vor Feuchtigkeit geschützt und die Motorräume verschließbar gemacht. Mit Pferdekraft wurden die Wagen, deren Gewicht je nach Motorgröße 10 dt meist überstieg, von Einsatzort zu Einsatzort transportiert.

Hofarbeiten
Arbeitsbeginn

An einem Sommermorgen grasen die Arbeitspferde auf der Pferdekoppel. Vor Arbeitsbeginn müssen die Gespannführer die Tiere von der Weide holen und anschirren.

Behutsam gehen die Gespannführer auf die Tiere los. Schon beim Näherkommen machen die Pferde eine Kehrtwendung und begeben sich in immer schnellerer Gangart in die letzte Ecke der Weide. Dieses Spiel wiederholt sich – bis ein Kanten Brot als Lockmittel zum Ziel führt. Übrigens: Das Brot haben die Hausangestellten ihren männlichen Kollegen zugesteckt.

Hofarbeiten

Im Winter beginnt für die Gespannführer die Tagesarbeit im Pferdestall mit dem Füttern und Putzen der Pferde sowie dem Ausmisten der Stände und Boxen bereits 1 1/2 Stunden vor dem Ausrücken zur Feldarbeit. Zwischen den Stallarbeiten wird das Erste Frühstück eingenommen. Nach dem Füttern der Pferde wird in den Pferdeständen das Geschirr aufgelegt; anschließend werden die Pferde aus dem Stall gezogen, und vor der Stalltür wird die Leine angelegt.

In der Elbmarsch werden die Gespanne zum Pflügen mit 6 Pferden zusammengestellt.

Hofarbeiten

Die beiden Holsteiner sind aufgeschirrt und die Kreuzleine ist angelegt. Der Kutscher hat die Leine aufgenommen, es kann angespannt werden.

Hofarbeiten

Um 1930 auf einem Gutsbetrieb in Ostholstein. Die Gespannführer haben ihre Pferde vor dem Pferdestall aufgestellt. Zum Arbeitsbeginn nimmt der Betriebsleiter oder sein Verwalter die Arbeitseinteilung vor. Anschließend rücken die Gespanne zur Feldarbeit aus.

Auf einem großbäuerlichen Betrieb im Kreis Segeberg um 1930. Die Arbeitskräfte haben sich zum Arbeitsbeginn versammelt, die Pferde sind gespannweise aufgestellt. Der Betriebsleiter selbst nimmt die Arbeitseinteilung vor; mit dabei sind auch die Ehefrau und die drei Söhne des Hofbesitzers.

Hofarbeiten

Arbeitseinteilung auf einem Gutsbetrieb im Kreis Segeberg um 1925. An einem Wintertag ist Schnee gefallen, einige Gespanne werden in dieser Zeit für forstwirtschaftliche Arbeiten eingesetzt.

Anspannen auf dem Hof. Schwere Warmblutpferde und Kaltblüter können als Einspänner einen Kastenwagen mit einer mittleren Beladung ziehen. Bei Wagen ohne Bremsen muß das Pferd mit Hilfe der Aufhalteriemen am Geschirr das Fahrzeug auch bei Bergabfahrten zurückhalten können. Dazu bedarf es einer stetigen Kontrolle der Stabilität des Geschirrs.

Hofarbeiten

Um 1950 auf einem Gut im Kreis Stormarn. Der Gespannführer hat seine beiden Schleswiger Zuchtstuten vor den schweren Kastenwagen gespannt und auf dem Sitzbrett des Wagens Platz genommen. Bei Transportarbeiten wird oft eine lederne Kreuzleine verwendet. Das dünne Leder liegt besser in den Händen als das dicke Tau einer Sisal-Leine, bei der es zum Einschnüren der Hände kommen kann, besonders dann, wenn forsche Pferde zurückgehalten werden müssen.

Um 1920 in der Probstei, Ausrücken zur Feldarbeit. Mit dem Kastenwagen wird eine Saategge mit hölzernem Rahmen zum Feld transportiert.

Hofarbeiten

Um 1935 auf der Rendsburger Geest. Bei längeren Wegen zum Feld wird der Transport der Eggen mit dem Kastenwagen durchgeführt. Bei kürzeren Feldwegen werden auch Holzschleppen eingesetzt.

Hofarbeiten

Nach dem Ende des Zweiten Weltkriegs wurden die ersten Kastenwagen auf Gummibereifung umgerüstet. Später wurden die Transportwagen der Landwirtschaft fabrikmäßig hergestellt und als gummibereifte Ackerwagen für Pferde- und Schlepperzug in den Handel gebracht.

Hofarbeiten

Dreschen
Eine historische Betrachtung

Das Dreschen ist die Gewinnung von Körnern und Samen aus geernteten Halm- und Blattfrüchten. Es geschah in den ältesten Zeiten von Hand oder mit Hilfe von Tieren. Das Ausklopfen der Ähren an Steinen oder das Ausschlagen derselben mit harten Gegenständen gingen als Dreschmethoden dem Dreschen mit dem Dreschflegel voraus. Letzteres ist für den Menschen eine außerordentlich anstrengende und obendrein noch wenig lohnende Arbeit.

Das Dreschverfahren mit Tieren geschah auf verschiedene Art und Weise: Man breitete das Erntegut auf der Tenne aus und ließ es durch Ochsen oder Pferde austreten, oder es wurden Tiere vor einen Wagen gespannt, dessen breite Räder beim Überfahren des Dreschgutes die Körner oder Samen aus Ähren oder Fruchtständen herausdrückten oder -preßten.

Dreschen mit dem Dreschflegel auf einem kleinen Betrieb in Süderdithmarschen um 1925. Das zu dreschende Getreide ist in einer dünnen Schicht auf der Lehmdiele der Scheune ausgebreitet worden. Im Gleichtakt schlagen die beiden Drescher im Wechsel das bewegliche untere Ende des Dreschwerkzeugs, einen etwa 80 cm langen und 6–7 cm dicken Holzknüppel auf das Erntegut. Mit einer leichten Drehbewegung wird der Dreschflegel wieder angehoben, dabei dreht auch der Dreschknüppel auf der Lederschlaufe, die ihn mit dem Stiel verbindet. Mit einem neuen Schlag wird dann wieder auf das Getreide eingeschlagen, und zwar solange, bis sich die letzten Körner aus den Ähren oder Rispen gelöst haben. Das Stroh wird mit einer Forke beiseitegeräumt und eine neue Schicht Getreide ausgebreitet. Nach mehrmaligem Dreschvorgang wird das Korn-Spreu-Gemisch aufgeschaufelt und auf einer Windfege gereinigt.

Hofarbeiten

In einem Dorf auf der Insel Sylt um 1930 drischt eine Kätnerfrau mit dem Dreschflegel den geernteten Hafer. In dem schmalen nordfriesischen Fachhallenhaus ist im Wirtschaftsteil ein Raum zum Dreschen eingerichtet.
Frauen machen auf den Inseln in den meisten Fällen die Hof- und Hausarbeiten allein, während die Männer zur See fahren.

Um 1955 in Angeln. Rotkohlsamendrusch aus einer »Elitevermehrung«.
Einige Jahre nach dem Ende des 2. Weltkriegs wurde in bestimmten Regionen Schleswig-Holsteins, besonders in Dithmarschen, auf Fehmarn und in Angeln der Gemüsesamenanbau betrieben.
Bei Gemüsearten mit besonders platzempfindlichen und wertvollen Samen, wie das bei den Kohlarten der Fall ist, wurde das Dreschen mit dem Dreschflegel gegenüber dem Maschinendrusch bevorzugt.

Dreschmaschinen, Geschichte und Entwicklung

Mit Beginn der industriellen Entwicklung gab es Überlegungen, das Dreschen zu mechanisieren, d. h. Maschinen zu erfinden, die die bisherige Handarbeit übernehmen konnten. Doch die vor 1800 entstandenen und in der Literatur beschriebenen Stampf- und Flegeldreschmaschinen haben die an sie geknüpften Erwartungen nicht erfüllen können.

Nur die Erfindung des Schotten Andrew Meikle wies der Entwicklung von Dreschmaschinen neue Wege: Nach seinen Ideen sollte das Getreide durch zwei Walzen und eine Flügelwelle ausgedroschen werden. 1786 gelang es Meikles Sohn und einem Deutschen namens Stein die erste Dreschmaschine zu konstruieren, die nach dem Prinzip der rotierenden Schlagleisten arbeitete, dem System, mit dem heute noch die Dreschwerke der modernen Mähdrescher ausgerüstet sind. Ein weiterer Fortschritt in der Entwicklung des Dreschens wurde mit der Einführung des Strohschüttlers erreicht.

Bis zur Mitte des 19. Jahrhunderts gelang es mehreren englischen Konstrukteuren, Dreschmaschinen zu entwickeln, die in ähnlicher Weise wie beim Meikleschen System mit Schlagleisten und Mantel ausgerüstet waren. Dazu kam eine Dreschmaschine aus Amerika auf den europäischen Markt, bei der sowohl die Trommel als auch der umfassende Mantel mit radial abstehenden Stiften besetzt waren. Beim Dreschvorgang werden die Körner durch die direkt nebeneinander vorbeilaufenden Stifte abgestreift. Diese Maschinen wurden als Stiftendreschmaschinen bezeichnet.

Alle bis 1850 entwickelten Maschinen hatten nur eine kurze Dreschtrommel, so daß das Erntegut nur der Länge nach in die Maschine hineingeführt werden konnte und dabei das Stroh gebrochen und zum Teil zerschlagen wurde. Auf der Londoner Industrieausstellung 1851 wurde erstmalig eine Breitdreschmaschine vorgeführt, bei der die Halme parallel zur Trommel eingelegt wurden.

Bis zum Ende des 19. Jahrhunderts erfolgte der Antrieb der Maschinen entweder durch Menschenkraft – die Maschinen wurden als Handdreschmaschinen bezeichnet, durch tierische Spannkraft, das sind Antriebe durch Roßwerke – die Maschinen wurden als Göpeldreschmaschinen bezeichnet, und durch Dampfkraft. Diese in ihrer Leistung größeren Maschinen werden Dampfdreschmaschinen genannt.

Am Anfang des 20. Jahrhunderts kamen als Antriebskräfte Elektromotoren und Verbrennungsmotoren hinzu.

Hofarbeiten

Handdreschmaschine um 1850, gebaut von der Carls-Hütte in Rendsburg.
Die in einem Holzgestell gelagerte Dreschtrommel ist zur Hälfte von einem gegitterten Mantel umgeben, der in seiner Entfernung zu den Schlagleisten der Trommel verstellbar ist.
Auf der Welle der Dreschtrommel sitzt ein kleines Stirnrad mit 13 Zähnen, in das ein großes Zahnrad mit 312 Zähnen eingreift. Mit 36 Umdrehungen in der Minute wird das große Rad durch zwei Arbeitskräfte in Bewegung gesetzt. Dabei ergibt sich bei einem Umdrehungsverhältnis der Kammräder von 1 : 24 eine Trommeldrehzahl von 864 in der Minute.
Nur für eine kurze Zeit können die Arbeitskräfte eine solche Dreschleistung erbringen. Daher sind Handdreschmaschinen nach relativ kurzer Zeit durch Göpeldreschmaschinen ersetzt worden.

Hofarbeiten

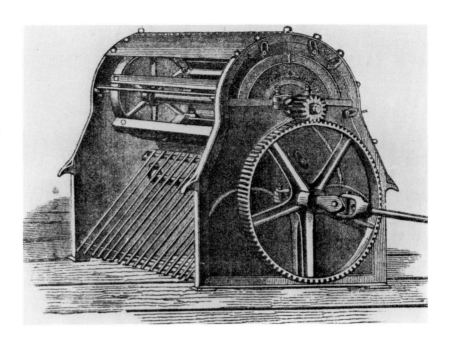

*Göpeldreschmaschine um 1850, gebaut von der Carls-Hütte in Rendsburg.
Hierbei handelt es sich um eine verbesserte Maschine der englischen Hersteller Barret, Erall und Andrews in Reading.
Am unteren Ende der Dreschtrommel befindet sich ein Rost von Eisenstäben, über welches das Stroh aus der Maschine hinabgleitet.*

Auf einem hölzernen Tisch vor der Maschine werden die Garben auseinandergebreitet und mit den Ähren voran in die Einlegeöffnung geschoben.

Hofarbeiten

Stiftendreschmaschine der Firma Heinrich Lanz in Mannheim.

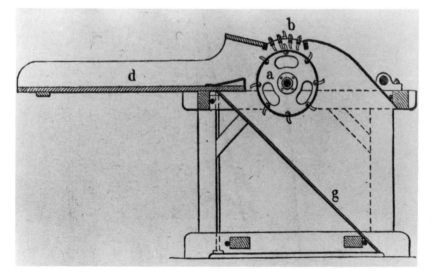

Modell einer Stiftendreschmaschine
a zylindrische Walze, mit Stiften besetzt
b Dreschkorb mit Stiften
d Einlegetisch für die Getreidegarben
g Stroh- und Getreide-Abgangsbrett

Hofarbeiten

Um 1900 – Dreschen mit einer Stiftendreschmaschine in Nordfriesland. Als Antriebskraft ist ein Tretgöpel eingesetzt. In einer schräge gestellten Kiste steht ein Pferd auf einem Endlosband, das durch die Vorwärtsbewegung des Pferdes in Umlauf gesetzt wird und ein mit dem Band verbundenes großes Antriebsrad in Bewegung setzt.

Hofarbeiten

Auf der Insel Föhr um 1910. Dreschen mit dem Tretgöpel. Die Dreschleistung der angetriebenen Stiftendreschmaschinen war gering – nur wenige Zentner Korn konnten am Tag ausgedroschen werden.

Das im Göpel gehende Pferd hatte sich an die Arbeit gewöhnt. Eine Gefahr für das Tier bestand nur dann, wenn beim Ablaufen des Treibriemens vom Göpel zur Dreschmaschine der Widerstand verlorenging und das Pferd auf dem Endlosband durch sein Gewicht an das Göpelende gedrückt wurde. Unruhige Pferde konnten dann in ihrer Angst Schaden am Göpel verursachen und sich selbst dabei Verletzungen zufügen.

Hofarbeiten

Ein historisches Gemälde – Getreideernte um 1860 in den USA.
In den großen Kornkammern der USA war die Technisierung der Getreideernte eine Lebensnotwendigkeit für die amerikanische Landwirtschaft. Dank der Erfindung der Mähmaschinen konnte das Getreide schneller geerntet werden.
Das Dreschen auf dem Feld war in der 2. Hälfte des letzten Jahrhunderts ein gängiges Verfahren. Als Antriebskraft wurde die Dampfmaschine als Lokomobile eingesetzt.

Modell einer transportablen Dampfdreschmaschine von Ransomes und Sims in Ipswich (Suffolk) um 1860.

Hofarbeiten

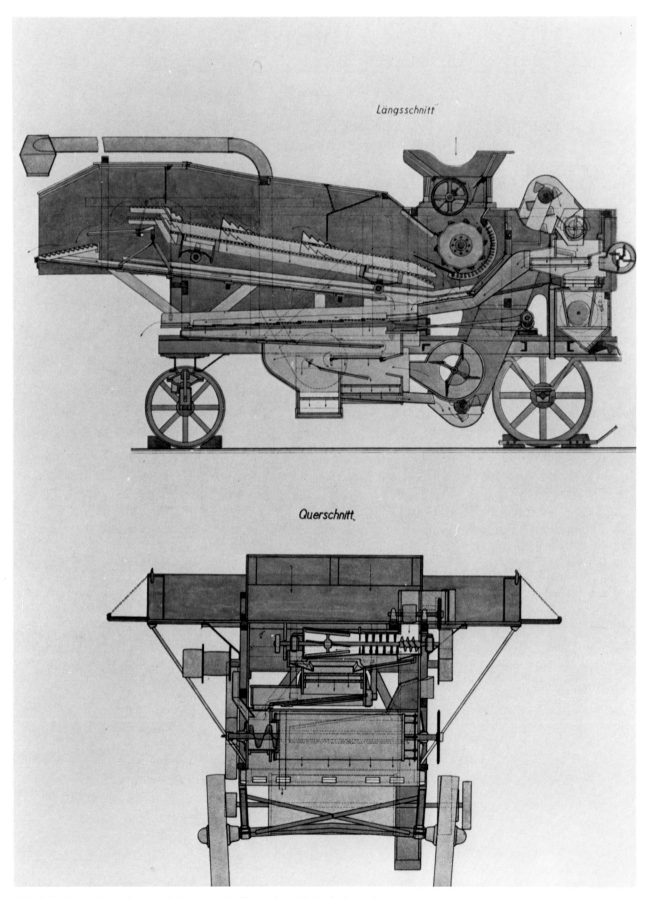

Modell einer Dreschmaschine am Anfang des 20. Jahrhunderts.

Hofarbeiten

1898 – Diemendrusch in Burg/Fehmarn. Zu jener Zeit waren Großdreschmaschinen dort im Einsatz, wo der Getreideanbau eine besondere Rolle spielte.
Die Bauern eines Dorfes gründeten eine Dreschgenossenschaft und schafften sich eine Dreschmaschine entsprechender Größe an.
Zum Antrieb dieser Genossenschaftsmaschinen benutzte man um die Jahrhundertwende fast ausschließlich Dampfmaschinen. Das gedroschene Stroh wurde nach dem Dreschvorgang mit Hilfe eines Strohelevators, später Höhenförderer genannt, direkt von der Maschine auf einen Diemen gefördert.

Diemendrusch um 1900 in Ostholstein. Eine Dampfmaschine treibt die Dreschmaschine und den Strohelevator an.
Beim Standortwechsel werden die drei Maschinen mit Pferdekraft beweglich gemacht. Dazu wird der Höhenförderer auf seine in der Mitte befindlichen Stützräder heruntergelassen und mit dem Ende an eine zweirädrige Transportkarre gehängt (rechts im Bild).
Zur Frühstückspause bringt die Bäuerin mit ihren Jungen Mädchen das Frühstücksbrot zum Dreschplatz. Ein Getränk wird ausgeschenkt, das den Dreschstaub ein wenig herunterspült. Die zahlreichen Kinder auf dem Bild dokumentieren nicht nur den Kinderreichtum jener Zeiten, sondern auch die Tatsache, daß Dreschtage etwas Besonderes im Kalenderjahr des Landwirts waren.

Hofarbeiten

Diemendrusch um 1900 in Ostholstein. Die Dampfmaschine steht an der Schüttlerseite der Dreschmaschine, das Stroh wird ungepreßt auf einen Diemen gesetzt. Dazu gebrauchen die eingeteilten Arbeitskräfte neben Forken große Strohharken.

Dreschen um 1900 – Dreschpause. Der Heizer sorgt dafür, daß der Dampfdruck der Dampfmaschine konstant bleibt. Kurz vor einer Dreschpause werden keine Kohlen mehr aufgeschüttet, der überschüssige Dampf wird durch ein Ventil abgelassen. Dabei entsteht ein schriller Pfeifton, der die Dreschbesatzung zur Pause ruft. Vor Wiederbeginn der Arbeit wird wieder nachgeheizt, damit der Dampfdruck seine normale Höhe erreicht.

Hofarbeiten

1904 – Diemendrusch auf Fehmarn. Die Maschinen sind durch Doppelkeile vor und hinter den Rädern standfest gemacht, Geländeunebenheiten sind durch Bretter und Bohlen ausgeglichen. Mit der Schiebkarre holt der Heizer Kohlen für die Dampfmaschine, Wasser wird durch einen kastenförmigen Wasserwagen herangefahren.

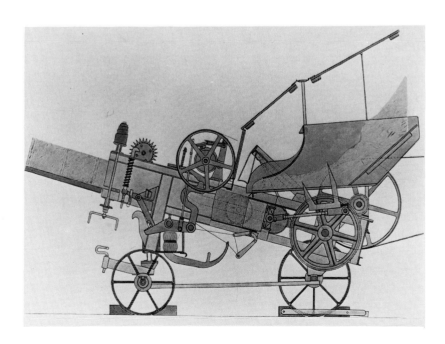

Modell einer Strohpresse am Anfang des 20. Jahrhunderts. Das mit solchen Maschinen zusammengepreßte Stroh wurde zweimal gebunden – die Strohbunde wurden auch Strohklappen genannt.

Hofarbeiten

1906 – Ein genossenschaftlicher Dreschmaschineneinsatz beim Diemendrusch in einem Dorf in Angeln.

Um diese Zeit waren die meisten Dreschsätze mit einer Strohpresse ausgerüstet. Die einstmals verwendeten Strohelevatoren wurden in der späteren Zeit für das Hochfördern von Korngarben eingesetzt, als für ihren Antrieb Elektromotoren erfunden waren.

Die Aufsicht auf dem Dreschplatz lag in der Obhut des Maschinenmeisters, der von der Genossenschaft angestellt war. Bei ihm handelte es sich um einen Kätner mit Maschinenkenntnis, der im Nebenberuf eine solche Tätigkeit übernehmen konnte. Für die Dampfmaschine mußte eine spezielle Arbeitskraft abgestellt werden, die als Heizer fungierte und dafür Sorge trug, daß genügend Wasser im Kessel vorhanden war. Vier Arbeitskräfte auf dem Getreidediemen nahmen die einzelnen Garben aus den sogenannten Lagen und reichten sie von Forke zu Forke weiter bis zur Arbeitskraft, die auf der Maschine die Garben dem Einleger in gleichmäßiger Weise auf den Einlegetisch zureichte. Letzterer schnitt mit dem Einlegemesser – einem kurzen, sichelartigen Messer an einem Ledergurt befestigt und um die Hand gebunden – die Garbenbänder auf und legte die aufgeschnittenen Garben gleichmäßig in die Maschine.

Das Stroh wurde aus der Presse mit Hilfe einer Schiefen Ebene auf den Strohdiemen geschoben und hier von 2–3 Arbeitskräften gepackt und zum Diemen aufgesetzt. Das gedroschene Getreide wurde am Sackstand unterhalb des Sortierzylinders der Dreschmaschine in Säcke abgefüllt, dieselben mit einem bestimmten Gewicht abgewogen und anschließend auf bereitgestellte Wagen verladen. Für diese Tätigkeiten waren zwei stärkere Arbeitskräfte notwendig. Weitere Hilfskräfte, oft auch Frauen und Dienstjungen, waren für den Abtransport des Spreus eingeteilt – Hafer- und Weizenspreu wurde als Pferdefutter verwendet. Den Wassernachschub für die Dampfmaschine besorgt der Erste Gespannführer des Hofes mit Hilfe einer hölzernen Wassertonne. Die Bauern als Mitglieder der Dreschgenossenschaft dokumentieren pfeife- oder zigarrerauchend ihre soziale Stellung.

Hofarbeiten

Diemendrusch in der Nähe von Rendsburg um 1920. Eine Genossenschaftsmaschine der Firma Gerrit und Smith und Co. aus Magdeburg bringt es auf eine Stundenleistung von 10–20 dz, je nach Standort und Kornart. Ein langer Treibriemen von der Dampfmaschine zum Dreschsatz sorgt für einen gleichmäßigen Maschinenlauf.

Die Dreschmaschinenbesatzung besteht aus etwa 15 Personen, für leichtere Arbeiten, wie z. B. das Zureichen der Garben zum Einleger und auf dem Diemen, werden auch Frauen eingesetzt.

Das gedroschene Korn wird in Säcke abgewogen und mit einem Kastenwagen zum Hof transportiert, das Stroh durch die Strohpresse auf einen Diemen geschoben. Weizen- und Haferspreu, auch Kaff genannt, wird in Sacktüchern zum Kaffschuppen getragen. Mit diesem Rauhfutter wurden vornehmlich Pferde gefüttert.

Hofarbeiten

Diemendrusch auf einem Großbetrieb in Holstein um 1920. Der Scheunenplatz des Hofes hat nicht ausgereicht – vier große Diemen mußten gesetzt werden, die bald nach Beendigung der Ernte abgedroschen werden.

Hofarbeiten

Diemendrusch um 1920 auf einem größeren Betrieb – Dreschpause.
Die Anspannung des Dreschsatzes entspricht nicht den Gepflogenheiten – hier steht die Dampfmaschine vor der Strohpresse.
Unter dem Kaffschüttler ist ein großes Sacktuch ausgebreitet, mit dem die Spreu weggetragen wird.
Am rechten hinteren Ende der Maschine ist ein Sackheber angebracht, die hochgezogenen gefüllten Kornsäcke kann sich dann der Kornträger auf den Rücken legen. 23 Arbeitskräfte gehören zur Dreschbesatzung. Der Betriebsleiter mit weißem Hemd und der Taschenuhr in der linken Westentasche unterscheidet sich damit von den Arbeitern.

Diemendrusch in Mittelholstein um 1920. Während jeder Arbeitspause muß die Dreschmaschine vom Maschinenmeister abgeschmiert werden. Die Fülldeckel der Schmierdosen, nach dem Erfinder Stauffer-Dosen benannt, wurden nachgedreht oder die Deckel mit Stauffer-Fett nachgefüllt.

Hofarbeiten

Diemendrusch in Ostholstein – 1924. Auf dem Betrieb wird noch ohne Strohpresse gearbeitet. Das vom Schüttelwerk der Dreschmaschine herabfallende Stroh wird mit Hanfbändern, die an beiden Enden kleine runde Holzknebel besitzen, aufgebunden. Das so gebündelte Stroh läßt sich besser transportieren.

Diemendrusch auf der Insel Nordstrand um 1925. Staub und Spreu können bei den auf der Insel oft auftretenden starken Winden die Arbeit des Garbeneinlegers unerträglich machen. Deshalb wurde auf der Maschine ein Windschutz montiert, hinter dem der Einleger Schutz findet.

Hofarbeiten

Scheunendrusch um 1925 auf Fehmarn. Die Dreschmaschine steht in der Fachwerkscheune und vor dem Scheunentor die Lokomobile als Antriebsmaschine. Ein hoher Schornstein auf diesen Dampfmaschinen verhindert einen Funkenflug.

Um 1925 – Scheunendrusch. Die Dampfmaschine steht mitten auf dem Hofplatz, ein langer Treibriemen geht zur Tenne, auf der die Dreschmaschine plaziert ist. Das gedroschene Korn wird auf der Dezimalwaage gewogen. Eine Arbeitskraft trägt in einem geflochtenen Korb das Kaff in die Futterkammer des Pferdestalls.

Hofarbeiten

Scheunendrusch um 1930 in Dithmarschen. Die Dreschmaschine steht unmittelbar an der Scheunenwand unter großen Holzluken, durch die die Getreidegarben auf die Maschine hindurchgestakt werden.
Das Stroh wird von der Strohpresse auf einen Diemen geschoben. Nach Beendigung des Dreschens können dann die Strohklappen in die leergewordene Scheune umgesetzt werden.

Um 1930 – 25jähriges Jubiläum einer Dreschgenossenschaft in Mittelholstein. Genossenschaftsmitglieder und Dreschbesatzung sind zu einem Gruppenfoto versammelt.

Hofarbeiten

Diemendrusch um 1930 in Mittelholstein. Ein Lohnunternehmen hat sich eine Großballenpresse angeschafft, die zusammen mit einer großen Dreschmaschine von einer Dampfmaschine angetrieben wird. Das mit großem Druck aufgepreßte Stroh wird zu etwa 50 kg schweren Ballen zusammengefügt, die jeweils mit 2 Eisendrähten gebunden werden. Das Knüpfen der Drähte muß von Menschenhand erfolgen – ein Knüpfmechanismus wurde nicht erfunden.
Die schweren Ballen ließen sich relativ günstig über große Strecken mit der Eisenbahn transportieren. Drahtgebundene Stroh- und Heuballen wurden auch in der Wehrmacht verwendet.

Um 1930. Die Dreschmaschine wird durch einen Rohölmotor angetrieben.
Das gedroschene Korn ist in Säcken auf dem Hofplatz abgestellt. Das Stroh wird zunächst in einen Diemen gesetzt, der nach dem Dreschen in die leergewordene Scheune umgesetzt wird.
Das Kaff wird ebenso zunächst auf einen Haufen geschüttet und später in den Stall befördert.

Hofarbeiten

Dreschen mit dem Elektromotor um 1930. Nach dem 1. Weltkrieg war in den meisten Dörfern Schleswig-Holsteins die Elektrifizierung durchgeführt. Seit jener Zeit wurden als Antriebskräfte für die Dreschmaschinen Elektromotoren in Stärken von 10–50 PS, je nach Größe der Dreschgarnituren, eingesetzt.

Bei den genossenschaftlichen Maschinensätzen wurden diese Motoren in verschließbaren Wagen untergebracht. Diese besaßen ein starkes Eigengewicht, die Räder waren aus Eisen, und der Wagen war ohne Federung.

Für den Antrieb der Dreschmaschine war ein fester Stand des Motors notwendig, mit einer Winde wurde der Treibriemen gestrammt. In den meisten Fällen besaßen die Motoren einen eigenen geeichten Stromzähler.

Die Dreschmaschine ist mit einem Kaffgebläse ausgerüstet, mit dieser Einrichtung werden 1 bis 2 Arbeitskräfte eingespart.

Dreschen auf einer Katenstelle um 1935. Der Kätner hatte seine eingefahrenen Getreidegarben in einen Diemen gesetzt. Mit einem genossenschaftlichen Dreschsatz wird der Getreidediemen nach dem Durchschwitzen der Garben abgedroschen. Als Antrieb dient ein Lanz-Bulldog der ersten Generation. Der Schlepper ist mit einer Hartgummibereifung ausgerüstet.

Hofarbeiten

Saatroggendreschen in der Feldscheune um 1935. Die letzte Lage Garben im Grundfach der Feldscheune wird aufgenommen. Drei Arbeitskräfte reichen sie im Wechsel mit der Forke einer Arbeitskraft auf der Maschine zu, die wiederum die Garben auf den Einlegetisch legt, sodaß der Einleger mit einem Messer die Garbenbänder aufschneiden kann. Zwei Arbeitskräfte wiegen das gedroschene Korn in Säcke ab und stellen letztere zum Abholen durch ein Fuhrunternehmen bereit.
Das gedroschene Stroh wird zunächst außerhalb der Feldscheune in Diemen gesetzt und nach dem Dreschen in die Feldscheune umgesetzt.

Beim Dreschen in der Kornscheune auf der Insel Föhr.
Größere Dreschmaschinen besaßen einen aus Stahlspiralen bestehenden Sortierzylinder, bei dem der Abstand zwischen den Spiralringen der zu dreschenden Fruchtart angepaßt werden konnte.
Am Sackstand der Maschine konnten verschieden große Körner in Säcken aufgefangen werden.
Um 1930 wurden von der Dreschmaschine angetriebene Sackheber erfunden, mit denen es möglich war, gefüllte Kornsäcke bis zur Schulterhöhe anzuheben. Von dort konnte eine Arbeitskraft die Säcke auf den Rücken nehmen und zu einem bereitgestellten Kornwagen tragen.

Hofarbeiten

*Um 1935. Der Dreschsatz ist in einer Feldscheune aufgestellt, die Maschine wird von einem Lanz-Bulldog angetrieben.
Das Stroh muß vom Dreschplatz auf den Boden des entfernt liegenden Kuhstalls transportiert werden, dazu sind bei solchen Distanzen drei Arbeitskräfte eingeteilt.*

Die Strohklappen werden mit Hilfe einer halblangen Stakforke auf dem Rücken getragen.

Hofarbeiten

Diemendrusch auf einem Hof im Aukrug um 1940. Der Getreidediemen war mitten auf dem Hof angelegt. Die Dreschmaschine wurde so aufgestellt, daß die Strohpresse das Stroh unmittelbar in den angrenzenden Stall hineinschieben konnte.
Helfer beim Dreschen waren auch Soldaten der Wehrmacht, die im 2. Weltkrieg in Spitzenzeiten in der Landwirtschaft eingesetzt werden konnten, wenn eine wirtschaftspolitische Notwendigkeit dazu bestand und militärische Gegebenheiten es zuließen.

Dreschen um 1950 auf einem Hof in Dithmarschen. Bei größeren Maschinen und bei einer guten Ernte mit vollen Ähren sind zwei starke Männer am Sackstand voll ausgelastet. Mit dem Sackheber an der Maschine wird der Sack angehoben, auf die Schulter gelegt und weggetragen. Der Chef kontrolliert das Abwiegen der Getreidesäcke.

Hofarbeiten

Um 1950. Ein Lohnunternehmer in Dithmarschen hat nach dem Ende des 2. Weltkriegs eine Dreschmaschine mit angebauter Strohpresse im Einsatz. Die Maschine ist noch mit Eisenrädern ausgerüstet. Der Transport von Einsatzort zu Einsatzort wird mit einem 40 PS starken gummibereiften Lanz-Bulldog durchgeführt, der auch zum Antrieb der Dreschgarnitur verwendet wird.
Die Geschwindigkeit des Transports muß den Straßenverhältnissen angepaßt werden. Durch das Kopfsteinpflaster können große Erschütterungen ausgelöst werden und ein Lösen der Halterungen im Rahmen der Maschine herbeiführen.

Um 1955 in Nordfriesland. Ein Lohnunternehmer mit seiner gummibereiften Großdreschmaschine auf dem Weg zu einem neuen Einsatz. Die Maschine ist mit einem sogenannten Selbsteinleger ausgerüstet, ein 50 PS starker Elektromotor ist beim Transport an den Dreschsatz gekoppelt.

Getreidereinigung

Das Reinigen der ausgedroschenen Körnerfrüchte von Spreu, Grannen, Unkrautsamen und Staub geschah seit der Mitte des 18. Jahrhunderts durch sogenannte Staubmühlen oder Windfegen. Vor jener Zeit wurde das mit Dreschflegeln ausgedroschene Getreide mit Schaufeln gegen den Wind geworfen. Dabei trennten sich auf einfachste Art und Weise die schweren Getreidekörner von den Spreuteilen. Auf dem gleichen Prinzip beruht die Arbeit mit der Windfege: Das zu reinigende Getreide wird einem Windstrom ausgesetzt, der durch einen Ventilator erzeugt wird. Außerdem sind diese Maschinen mit Sieben ausgerüstet, sodaß auch unterschiedlich große Körner voneinander getrennt werden können. Mit einer Handkurbel wird der Ventilator in Bewegung gesetzt. Von einem auf der Maschine befindlichen Trichter wird das Getreide in den Luftstrom geleitet. Mit Hilfe eines Schiebers läßt sich der Einlauf der Körner regulieren. Gleichzeitig wird durch einen Treibriemen eine geknickte Welle in Umdrehung gebracht, die mit dem Sieb verbunden ist. Durch die Hin- und Herbewegung wird ein Stau auf dem Sieb vermieden. Spezifisch leichte Teile wie Spreu, Strohteile, Grannen und Staub werden durch den Luftstrom aus der Maschine herausgeblasen, bevor sie auf das Sieb gelangen. Spezifisch schwere Körner fallen auf das Sieb, Unkrautsamen und Bruchgetreide fallen durch die Maschen des Siebs, nur das saubere Getreide rollt über die Maschen und bleibt hinter der Maschine am Boden liegen, von dort wird es in Säcke gefüllt.

Seit der Mitte des letzten Jahrhunderts wurden die Breit-Dreschmaschinen mit Ventilatoren ausgerüstet. Damit war es möglich, das gedroschene Getreide zu reinigen. Mit Hilfe von Sieben und in späterer Zeit von Sortierzylindern konnten auch Körner unterschiedlicher Größe voneinander getrennt werden. Nur bei den kleineren Stiften-Dreschmaschinen war das Dreschgut noch durch Spreu- und Strohteile verunreinigt. Eine Abhilfe wurde geschaffen, indem man das gedroschene Getreide im Anschluß an den Dreschvorgang unmittelbar mit einer Windfege reinigte. In manchen Fällen wurde die Dreschmaschine erhöht aufgestellt und unterhalb die Windfege montiert, so daß das Dreschgut kontinuierlich in den Trichter der Staubmühle fallen konnte. Beide Maschinen wurden von einer Kraftmaschine angetrieben.

Hofarbeiten

Staubmühle um 1850, gebaut von der Carls Hütte in Rendsburg.

Auf dem Kornspeicher

Das Getreide, das nicht unmittelbar nach dem Dreschen verkauft wurde, ist auf den Speicher getragen und dort ausgeschüttet worden. Die Schütthöhe muß dem Feuchtigkeitsgehalt des Getreides angepaßt werden, darf aber eine Höhe von 60–80 cm nicht überschreiten.

Im unteren Kornboden einer zweigeschossigen Speicheranlage eines größeren Betriebes.

Hofarbeiten

Je nach Höhe des Feuchtigkeitsgehalts muß das Korn in bestimmten Zeitabständen umgeschaufelt werden. Der Bauer selbst überprüft die Qualität des Korns, glättet den umgeschaufelten Kornhaufen und schreibt mit dem Schaufelstiel das Datum darauf. Auf diese Weise kann er jederzeit überprüfen, wann das Korn zum letzten Mal bewegt worden ist.

Zum Schroten wird das Getreide eingesackt und zum Abfahren bereitgestellt.

Hofarbeiten

Getreideschroten

Die Viehversorgung spielt während des ganzen Jahres auf den landwirtschaftlichen Betrieben eine entscheidende arbeitswirtschaftliche Rolle. Als noch keine eigenen Mühlen vorhanden waren, mußte das im Betrieb verfütterte Geteide in den umliegenden Mühlenbetrieben geschrotet werden. Vor der Aufhebung des Mühlenzwangs 1851 wurden Haushalte und Betriebe einer bestimmten Mühle zugeteilt. Erst nach dieser Zeit konnten die sogenannten Mühlengäste diejenigen Wind- oder Wassermühlen aufsuchen, wo sie am besten bedient wurden.

Um 1930 auf kleineren Betrieben im Norden Schleswig-Holsteins. Mit dem Einspänner-Kastenwagen wird das Getreide zum Mahlen in die Mühle gefahren.

Hofarbeiten

Der Kastenwagen wird beladen.

Auf dem Weg zur Mühle. Die Getreidesäcke sind ordnungsgemäß verladen; dabei wurde besonders darauf geachtet, daß das Hauptgewicht auf dem Unterbrett des Wagens liegt und die Seitenbretter mit den Rungen vor einer Überbelastung geschützt sind.

Hofarbeiten

An der Mühle werden die Kornsäcke abgeladen – entweder auf dem Nacken in den Mahlboden getragen...

...oder in der Durchfahrt mit der Sackwinde auf die Etage gezogen, wo das Getreide in die Trichter der Mühle geschüttet wird.

Nach dem Mahlen wird das geschrotete Korn wieder auf den Kastenwagen verladen, das geschieht auch mit Hilfe einer sogenannten Rutsche, die von der ersten Etage auf den Kastenwagen gelegt wird.

Hofarbeiten

Auf den Höfen werden die Schrotsäcke abgeladen, indem sie mit dem Sackaufzug auf den Speicher gezogen...

...oder direkt vom Wagen in den Stall getragen werden.

Häcksel als Tierfutter

Das zur Verfütterung an die Haustiere bestimmte Rauhfutter wurde in früherer Zeit meist zerkleinert. Mit Hilfe von Handschneidegeräten wurde zur Hauptsache Stroh geschnitten, die Anforderung an die Halmlänge war für die einzelnen Tierarten unterschiedlich, für Pferde und Schafe wählte man eine Länge von 1/4 bis 1/2 Zoll, für das Rindvieh eine solche von 1/2–2 Zoll. Die Konstruktion eines solchen Schneidegerätes entsprach dem Prinzip der Brotschneidemaschine: auf einer keilförmigen Lade wurde das Stroh jeweils um die Schnittlänge in Richtung Schneideapparat geschoben, das an einem Hebel sitzende Messer wurde mit der Hand nach unten gegen das Stroh gedrückt, so daß im gewünschten Abstand das Stroh zerschnitten wurde. Um die Mitte des letzten Jahrhunderts wurden sogenannte Häckselschneidemaschinen erfunden, kurz auch Häckselmaschinen genannt. An einem Schwungrad sitzen an gegenüberliegenden Seiten zwei konvexe Häckselmesser. Das auf dem Einlegetisch oder die Einlegelade – auch Schnittkasten genannt – gelegte Stroh wird zwischen zwei Zuführungswalzen zusammengepreßt und über ein Zahnradgetriebe mit der Drehbewegung des Schwungrades in Richtung des Messers geschoben. Durch Auswechseln der Zahnräder im Getriebe kann die Schnittlänge des Häcksels verändert werden.

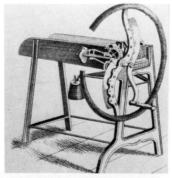

Häckselmaschinen um 1850, konstruiert von der Carls Hütte in Rendsburg.

Auf dem Strohboden über dem Pferdestall ist die Häckselmaschine aufgestellt. Durch eine Bodenluke gelangt das geschnittene Stroh unmittelbar in die Häckselkammer neben dem Pferdestall.

Rüben für das Rindvieh

Für die Winterfütterung des Rindviehs sind die Rüben eingemietet worden. In bestimmten zeitlichen Abständen wurden die Rüben aus den Mieten in das Rübenlager gefahren, wo sie mit der kombinierten Reinigungs- und Schneidemaschine zerkleinert und von dort zu den Futterzeiten in den Futtergang gefahren wurden. Auf den größeren Betrieben waren die Hofarbeitskräfte für das Abfahren aus den Mieten verantwortlich, der Transport vom Rübenlager in den Kuhstall war Sache des Melkers.

An Wintertagen mit Eis und Schnee wird nur für eine möglichst kurz Zeit die Miete geöffnet, damit nicht unnötig Wärme verloren geht. Während des Aufladens stehen die Pferde ruhig vor dem Kastenwagen, zum Schutz gegen Kälte hat man ihnen Sackdecken aufgelegt.

Der vollbeladene Wagen wird in die Kuhstallscheune gefahren und dort wieder abgeladen.

Hofarbeiten

Rindviehfütterung

Um die Mittagszeit in einem alten Anbindestall haben die Milchkühe, die auf beiden Seiten des langen Futtergangs angebunden sind, das ihnen vorgeworfene Futterstroh bis auf wenige Reste aufgenommen. Die meisten Tiere haben sich zum Wiederkäuen hingelegt.

Auch im Maststall das gleiche Bild: Die Rinder warten auf die nächste Mahlzeit.

Hofarbeiten

Vor dem Melken werden zunächst die Futterkrippen gesäubert und den Kühen je nach ihrer Leistung eine Kraftfutterration zugeteilt. Anschließend wird der Stalldung mit der Schiebkarre abgefahren und die Kuhstände mit Stroh eingestreut. Mit einer Rübenration wird den Kühen das nächste Futter verabreicht und zum Abschluß Heu verteilt. Während die Kühe das letzte Futter aufnehmen, wird mit dem Melken begonnen. Die Tiere gewöhnen sich an diesen Arbeitsrhythmus und beginnen nach Aufnehmen des Futters alsbald mit dem Wiederkäuen. Nach dem Melken verteilt der Melker Futterstroh, von dem die Tiere nach Bedarf fressen können. Das restliche Stroh wird vor dem nächsten Melken zur Einstreu verwendet.

Hofarbeiten

Aus dem fahrbaren Futterwagen werden den Tieren die Kraftfutterportionen in die Futterkrippe geschüttet.

Nach dem Kraftfutter werden geschnittene Rüben und Silage als sogenanntes Grundfutter verabreicht.

Hofarbeiten

Um 1930. Während die Kühe das Grundfutter aufnehmen, wird mit dem Entmisten begonnen. Die ursprünglich verwendeten hölzernen Schiebkarren waren mit einem eisenbereiften Holzrad ausgerüstet. Durch das weit nach vorn verlagerte Schiebkarrenrad betrug das Gewicht, das über die Handgriffe der Karre angehoben werden mußte, nahezu 50 % des Gesamtgewichts. Bei später verwendeten Geräten verlagerte man das Rad in Richtung Schwerpunkt der Karre, dadurch konnte das Hebegewicht bedeutend gesenkt werden. Nach dem 2. Weltkrieg waren die Schiebkarren ausschließlich mit Gummibereifung versehen.

Die Liegefläche wird gesäubert und im Anschluß daran der Mist auf die gummibereifte Schiebkarre geladen. Mit Stroh werden Stände und Dungrinne eingestreut.

Hofarbeiten

Schweinefütterung

Schweinefütterung um 1928. Bei der Schweinehaltung in Schleswig-Holstein gab es in den 20er Jahren kaum größere Mastbetriebe. Die Ferkel wurden durchweg im eigenen Betrieb erzeugt, die Mast beschränkte sich nahezu ausschließlich auf reine Getreidemast. Die Schweineställe, die in jenen Jahren gebaut wurden, waren vielfach schlecht isolierte ungesunde Massivställe.

In den 30er Jahren wurden erstmalig in größerem Maße Kartoffeln in der Schweinemast eingesetzt. Dabei spielte die Verfütterung von rohen Kartoffeln nur eine untergeordnete Rolle. In größeren Mengen wurden gedämpfte Kartoffeln, entweder frisch oder eingesäuert, verfüttert. In hofeigenen Dampfkesseln, die elektrisch betrieben wurden, konnten nur kleinere Mengen als Mastfutter aufbereitet werden. Eine größere Effektivität erzielten Dämpfanlagen, bei denen der Dampf in großen Kesseln erzeugt wurde, diese wurden mit Kohle, Torf oder Holz beheizt. Der erzeugte Dampf wurde in verschließbare, mit einem Ventil versehene Behälter geleitet, in denen die Kartoffeln in einer bestimmten Zeit bei einem festgelegten Druck gedämpft wurden.

Kartoffeldämpfen

Um 1935 auf einem größeren Hof in der Nähe von Rendsburg. Vom Dampfkessel, der laufend mit Wasser gespeist und ständig befeuert werden muß, wird der Dampf mit druckfesten Schläuchen in den Kartoffelkessel geleitet: Nach einer Dämpfzeit von etwa 30 Minuten wird der Kessel mit Hilfe eines zweirädrigen Fahrgestells abtransportiert und in einem Kartoffelsilo entleert. Eine Arbeitskraft überwacht die Dämpfanlage, drei weitere Arbeitskräfte sorgen für das Heranfahren und den Abtransport der Kartoffelbehälter.

Um 1935 auf einem Großbetrieb. Eine fahrbare Dämpfanlage – Dampfkessel und Dämpfbehälter sind gemeinsam auf einem Wagen montiert – ist vor dem Kartoffelsilo aufgebaut. Mit Hilfe eines Elevators wird der Dämpfbehälter mit Kartoffeln befüllt und nach der Dämpfzeit in den Kartoffelsilo entleert.

Hofarbeiten

Bevor die Kartoffeln gedämpft werden, müssen sie von Erde befreit sein. Dafür wird eine große Menge Wasser benötigt. Es bleibt bei der Säuberung der Kartoffeln nicht aus, daß auch die Arbeitskräfte ihrer Arbeit ähnlich sehen.

Genossenschaftliches Kartoffeldämpfen auf der Flensburger Geest um 1950. Der Dampfkessel ist auf einem stabilen Wagen montiert und dadurch beweglich gemacht. Mit einem Pferd werden die Kartoffelbehälter an den Kessel herangefahren und an die Dampfdruckschläuche angeschlossen. Mit der Schiebkarre wird das Brennmaterial zum Dampfkessel transportiert.

Die Überwachung der Dämpfanlage erfordert Vorsicht. Eine Arbeitskraft ist dafür besonders ausgebildet und begleitet dieselbe von Betrieb zu Betrieb.

Meliorationen

Unter Meliorationen sind alle Maßnahmen zur Bodenverbesserung zu verstehen. An erster Stelle sind dabei die Entwässerungsmaßnahmen zu erwähnen, die in allen Regionen, wo Landwirtschaft betrieben wird, von entscheidender Bedeutung für den Ackerbau und die Weidewirtschaft sind.

Bodenbearbeitung und Fruchtbarkeit des Bodens hängen in erster Linie von einer geregelten Wasserführung ab, das bedeutet, daß ein jeglicher Boden von überschüssiger Nässe zu befreien ist. Dabei ist zwischen zwei unterschiedlichen Formen der Trockenlegung zu unterscheiden: der Grabenentwässerung und der sogenannten Drainage, das ist ein unterirdisch verlegtes Entwässerungssystem. Beide Methoden bieten auf den verschiedenen Standorten unterschiedliche Anwendungsmöglichkeiten und Vorteile: Gräben sind dort angebracht, wo die Bodenqualität geringer und eine kostspielige Drainage nicht lohnend ist, wo in flachen Lagen eine Drainage zu wenig Gefälle besitzt oder wo das Niederschlagswasser nicht schnell genug in den Boden eindringen kann. Die Kunst des Drainierens reicht bis in die Zeit der Römer zurück, ging allerdings im Mittelalter verloren und wurde erst gegen Ende des 18. Jahrhunderts in England neu entdeckt. Das Wort Drainage kommt vom Englischen »to drain« und bedeutet ableiten, graben.

Die ersten Drainagemaßnahmen bestanden darin, das Grundwasser in größeren Tiefen abzufangen und durch sogenannte Drains, bestehend aus Faschinen, Steinen, Ziegeln und dergl. abzuleiten. 1808 wurden erstmalig mit der Hand geformte runde Röhren verwendet, die nach 1844 durch eine erfundene Drainrohrpresse maschinell hergestellt wurden. Seit jener Zeit nahm die Drainage einen besonders großen Aufschwung. Wenn auch im Laufe der verflossenen 150 Jahre unterschiedliche Systeme und Materialien verwendet wurden, ist das Grundprinzip der Drainage das gleiche geblieben. Bei der systematischen Drainage wird das zu entwässernde Feld mit gleichgerichteten Drains von zwei Zoll innerem Durchmesser, den Saugern oder Saugdrains überzogen, die das dem Boden entzogene Wasser in Drains von größerem Durchmesser, den Sammlern oder Sammeldrains zuleiten. Diese leiten das Wasser wiederum weiter zu sogenannten Hauptsammlern, von denen es den sogenannten Vorflutgräben zugeleitet wird.

Hofarbeiten

Grabenentwässerung in den Marschgebieten um 1930. Zuggräben und Vorfluter müssen im Laufe des Jahres von Pflanzenbewuchs befreit und die Gewässerkanten mit dem Spaten abgestochen werden.

Im Laufe von mehreren Jahren hat sich am Grund der Entwässerungsgräben Schlick angesammelt, der mit der Hand ausgeschaufelt und auf die Grabenkanten geworfen wird. Nach dem Abtrocknen wird der Aushub breitwürfig auf das Land verteilt. Bei der Grabenreinigung wird das Wasser in bestimmten Abschnitten gestaut, so daß die Arbeitskräfte den nahezu trockenen Grabenfuß reinigen können. Die beiden Arbeiter haben sich aus Reetmatten einen Windschutz aufgebaut, den sie in den kurzen Arbeitspausen aufsuchen.

Hofarbeiten

In den Grünlandgebieten von Marsch und Geest werden im Abstand von mehreren Jahren die Grübbel, das sind die flachen Wasserläufe, die das Wasser oberirdisch ableiten, gereinigt bzw. neu ausgehoben. Mit der Einführung der Motorisierung in der Landwirtschaft wurden diese Arbeiten durch Grübbelmaschinen, die an Rad- und Raupenschleppern angebaut sind, bewältigt.

In den Niederungsgebieten an Eider und Treene gab es in den Jahren nach dem 2. Weltkrieg auf dem Gebiet der Entwässerung einen großen Nachholbedarf. Die Grübbel sind in ihrer Linienführung nur noch daran zu erkennen, daß sich größere Wasserlöcher aneinanderreihen.

Auf dem weichen und zum Teil moorigen Untergrund lassen sich nur Raupenschlepper einsetzen.

Hofarbeiten

Zwischen den Ketten der Raupe ist die Grübbelmaschine aufgehängt. Sie läßt sich durch die Hydraulik des Raupenschleppers in ihrem Tiefgang einstellen.

Hofarbeiten

Die ausgehobenen Erdmassen werden von der wie eine Fräse arbeitende Grübbelmaschine zur Seite geschleudert und auf die zwischen den Grübbeln liegende Landfläche verteilt. Solche Landstreifen werden als Fennen bezeichnet.

Hofarbeiten

Die Entwässerungsgräben werden bis zu einer Tiefe von 40–60 cm und einer Breite von 30–40 cm mit Abständen von 8–12 m zueinander angelegt.

Der oberflächliche Entwässerungsgraben ist gezogen, kleine Unebenheiten und Erde, die von den Seiten in den Graben gerutscht ist, sind durch Handarbeit beseitigt worden.

Hofarbeiten

Auf den Mineralböden der Marschen lassen sich die Grübbelmaschinen von Radschleppern ziehen. In diesen Gebieten werden die oberflächlichen Entwässerungsgräben auch weniger tief angelegt.

Hofarbeiten

Legen einer Drainage auf dem östlichen Hügelland um 1930. Zwei Arbeiter heben die Draingräben aus; vor dieser Arbeit wurde das Gelände mit einem Niviliergerät ausniviliert und eine maßstabsgerechte Zeichnung des Gebietes angelegt. Die Lage der einzelnen zu legenden Drainzüge wurde auf dem Feld markiert. Die Durchführung der Drainlegung beginnt am Auslauf des letzten Sammeldrains an der Vorflut.

Beim Ausheben des Sammeldraingrabens mußte eine kleinere Geländeerhebung durchstoßen werden. In einer Tiefe von 1,20 m ist man auf größere Steine gestoßen, die sich nach der letzten Eiszeit im Geschiebemergel oft in solchen Lagen ablagerten. In einer Arbeitspause hat die Hausfrau eine Tasse Kaffee ausgeschenkt.

Hofarbeiten

In manchen Vorflutern hat sich im Laufe der Jahre eine größere Schlickmenge angesammelt, die möglichst in den Sommermonaten zwischen Heu- und Getreideernte, wenn die Bäche und Auen wenig Wasser führen, ausgehoben wird.

Im Rahmen eines umfangreichen Entwässerungsprojekts wird ein offener Graben am Rande des Knicks verrohrt. Eine größere Zahl von Arbeitskräften ist dafür eingesetzt; mit der Hand wird der Graben vertieft und anschließend verrohrt.

Hofarbeiten

Koppeleinfriedigungen

Koppeleinfriedigungen sind die gewachsenen Knicks, die natürlichen und künstlichen Wasserläufe und die von Hand gesetzten Umzäunungen mit Pfählen und Draht – bei letzterem ist zwischen glattem Draht und Stacheldraht zu unterscheiden. In Sonderfällen gibt es auch Einfriedigungen mit Holzlatten und Stangenholz, z. B. bei Pferdekoppeln und Melkstellen.

Dort, wo natürliche Knicks fehlen, wird auf den Weideflächen ein Drahtzaun errichtet. Zwischen Pfählen, die in einem Abstand von etwa 4–5 Schritt gesetzt werden, werden in verschiedenen Höhen 2 bis 3 Drähte gespannt. Bei einer Dauereinfriedigung werden in den meisten Fällen Eichenspaltpfähle verwendet, die bis zu einer Tiefe von 50–80 cm in den Boden gegraben werden. Bei kurzfristig aufgelegten Umzäunungen, z. B. bei Wechselweiden, die in einem Abstand von 2–3 Jahren wieder umgebrochen werden, werden Schlagpfähle verwendet, die aus geradem Stangenholz geschnitten werden. Nach dem 2. Weltkrieg wurden Elektrozäune erfunden. Mit deren Hilfe können Einfriedigungen arbeitssparend und kostengünstiger erstellt werden.

Vor dem Weideaustrieb werden die Koppeleinfriedigungen ausgebessert. Morsche Pfähle werden ausgewechselt, abgerissene und lose Drähte geflickt bzw. mit Krampen an den Pfählen angeschlagen. Auf dem Kastenwagen wird das notwendige Material – Schlagpfähle und Draht, dazu das Werkzeug, Steinhammer zum Einschlagen der Pfähle, sowie Hammer, Kneifzange und Krampen – mitgeführt.

Hofarbeiten

Um 1925. Vor der Erfindung des Stacheldrahts wurde zum Einfriedigen der Weideflächen meist glatter Draht in einer Stärke von 3–4 mm verwendet. Zum Aufrollen dieses Drahtes hatte sich der Landwirt eine Haspel konstruiert.

Melkstellen wurden entweder mit glattem Draht oder mit Stangenholz hergerichtet. Auf größeren Betrieben ist für diese Arbeit der Melker verantwortlich; mit dem Milchwagen wird das notwendige Material und Werkzeug zur Melkstelle gebracht.

Hofarbeiten

Steinbrückejäten und Hofraum säubern

Während der arbeitsschwächeren Zeit wird auf Katen und Höfen auch die einmal jährlich stattfindende Großreinigung durchgeführt. Bei Regenwetter werden die Ställe gründlich gesäubert und gekalkt, bei gutem Wetter der Hofraum einer ausgiebigen Reinigung unterzogen. In allen Ecken und Winkeln wird aufgeräumt, und auch die Steinbrücken werden von Unkraut befreit, es wird gejätet. Besonders die Jährige Rispe hatte sich in kurzer Wachstumszeit mit ihrem ausgedehnten Wurzelwerk einen Standort erobert. Ausgerüstet mit alten Messern liegt man dabei auf Knien und anderen Körperteilen, als weiche Unterlage benutzt man einen Strohsack.

Nervenermüdend ist diese Arbeit besonders dann, wenn man auf großem Areal sich ohne Arbeitskollegen betätigen muß.

Hofarbeiten

Auf dem Hof gibt es immer etwas zu tun. Auch im höheren Alter betätigt sich die Abnahmefrau beim Sauberhalten des Hofraums. Zum Fegen benutzt sie einen Strauchbesen aus Birkenreisern, der im eigenen Betrieb angefertigt wurde.

Hofarbeiten

Wagenwaschen

Kastenwagenwaschen am Hofteich um 1935. In der arbeitsärmeren Zeit zwischen Heu- und Getreideernte werden die Kastenwagen am Hofteich gewaschen. Die Wagenaufbauten werden heruntergenommen und zum Einweichen ins Wasser gelegt, Vorder- und Hinterwagen werden voneinander getrennt und möglichst bis zur Radoberkante in den Teich geschoben. Nach dem Einweichen werden die einzelnen Wagenteile mit einer langstieligen Bürste bearbeitet.

Nach der Reinigung werden die Wagenteile zum Trocknen an die Teichkante gelegt. Beim Zusammenbauen der Kastenwagen ist sorgfältig darauf zu achten, daß die einzelnen Stücke auch wagenweise wieder zusammengefügt werden, denn zwischen den einzelnen Kastenwagen gibt es immer kleine Unterschiede in der Bauart.

Der Kätner hat mit seiner Frau den Kastenwagen gründlich gesäubert. Nach dem Trocknen erhält der Wagen einen neuen Farbanstrich, um die Haltbarkeit zu vergrößern. Diese Maßnahme muß im Abstand von 2–3 Jahren wiederholt werden.

Heidekrautmähen

Auf den Ödländereien der Hohen Geest in Schleswig-Holstein waren in früherer Zeit weite Flächen mit Heidekraut bewachsen. Das Land wurde in einer Allmende bewirtschaftet und die Nutzung den in den Gemeinden ansässigen Bewohnern nach bestimmten ererbten und erworbenen Anrechten überlassen. Der geringe Wert bestand in der Ernte des Heidekrautbewuchses und der Gewinnung von Streusand für die Holzfußböden der Häuser. Das Heidekraut wurde getrocknet und an Besitzer von Reetdachhäusern verkauft, die mit dem Material den Dachrücken der Häuser belegten. Eichene Hängehölzer gaben dem Dachrücken einen Halt.

Mit einer breitblättrigen kurzen Sense wurde in den Spätsommertagen das Heidekraut gemäht. Diese Arbeit verrichteten auch die Altenteiler, die ihren körperlichen Kräften gemäß die Arbeit ausführten. Das weite Land und die Ruhe in der Natur gaben ihnen zur Ausübung der Tätigkeit die notwendige Muße.

Hofarbeiten

In großen Jutesäcken trägt der alte Mann das Heidekraut zu seiner Kate. Nach beschwerlichen Wegen durch Heide und Moor legt er eine kurze Rast ein.

Steineklopfen

Steine unterschiedlicher Größen und verschiedenartiger Gesteinsarten bilden zusammen mit den kleineren Bodenpartikeln die feste Substanz des Mineralbodens in den Moränegebieten Schleswig-Holsteins. Steine sind Hindernisse bei der Bodenbearbeitung und tragen letztlich dazu bei, die Ertragsfähigkeit des Bodens zu vermindern. Daher müssen sie aus der Ackerkrume entfernt werden – das Steineabsammeln gehört zu den immer wiederkehrenden Arbeiten – entweder kurz vor der Saatbestellung oder nach der Saat. Größere Steine und Findlinge werden getrennt von kleineren Sammelsteinen gelagert, letztere fanden in früheren Zeiten zur Ausbesserung der Feldwege Verwendung, erstere wurden durch sogenannte Steinklopfer in Stücke geschlagen, die ebenso für den Wegebau verwendet wurden.

Diese Steinklopfer hatten einen bestimmten Kundenstamm und erschienen im Abstand mehrerer Jahre auf den Höfen. Sie waren in gewisser Weise Selbständige, die sich ihren bescheidenen Lohn verdienten, der sich nach der Menge des zerkleinerten Steinmaterials richtete. Während des ganzen Jahres, ausgenommen die Zeit größter Kälte, saßen diese meist älteren Menschen am Rande der Steinhaufen, hatten ihren dürftigen Windschutz aus Strohmatten oder Säcken aufgebaut und einen großen Findling als Haublock ausgesucht, ein Strohsack diente ihnen als Sitzkissen.

Ihr Handwerkszeug bestand aus mehreren Hammern unterschiedlicher Größe. Mit dem Vorschlaghammer ließ der Steinklopfer die Findlinge auseinanderbrechen, mit den kleineren Hammern wurden die Bruchstücke und größeren Steine zerschlagen. Die Kunst des Steinhauens besteht darin, die natürlichen Adern und Maserung der Steine zu erkennen und Erschütterungen im Steinmaterial zu erzeugen, die letztlich ohne größeren Kraftaufwand die Steine zum Spalten bringen.

Während ihrer mehrtägigen Tätigkeit auf den Höfen genossen die Steinklopfer ein gewisses Gastrecht, nahmen an den Mahlzeiten teil und schlugen ihr bescheidenes Nachtlager oft im Stroh auf.

Hofarbeiten

Das zerschlagene Steinmaterial wurde zu flachen, rechteckigen Haufen aufgeschüttet, deren Rauminhalt zu berechnen war, danach wurde der Steinklopfer entlohnt.

Hofarbeiten

Kohlputzen und -verladen

Kohlputzen in Dithmarschen um 1950. Der Winterkohl wurde auf dem Feld geschnitten und in die Kohlscheune gefahren. Bevor die Kohlköpfe in den Boxen winterfest eingelagert werden können, werden sie »geputzt«, d. h. die äußeren Blätter werden entfernt und Druckstellen beseitigt. Dazu können die Köpfe bis zu einer Höhe von 1,20 bis 1,50 m gestapelt werden.

An einem Frühjahrstag um 1960 in Dithmarschen. Der Kohl, der in Mieten gelagert wurde, wird zum Verkauf geputzt und auf einen gummibereiften Ackerwagen verladen. Sorgfältig wird darauf geachtet, daß der Kohl keinen Stoß bekommt; deshalb ist auch der Boden des Gummiwagens mit einer Strohschicht bedeckt. An kalten Tagen schenkt die Bäuerin zum Erwärmen einen »Schnaps« aus.

Hofarbeiten

Ein Teil des geernteten Kohls wird unmittelbar nach der Ernte verkauft. Nach dem Putzen sind die Kohlwagen beladen worden, dazu wurden die Kastenwagen mit Aufsatzbrettern versehen. Auf dem Bahnhof Osterhof, in der Nähe von Büsum, dem größten Kohlverladebahnhof in Schleswig-Holstein, wird der Kohl auf Eisenbahnwaggons umgeladen.

Der Kohlwagen ist beladen.

Auf den ebenen Straßen der Marschen können 2 Kohlwagen aneinander gekoppelt werden.

Brennstoffgewinnung

Holzgewinnung

Holz und Torf sind die beiden natürlichen Brennstoffarten, die seit Menschengedenken in Schleswig-Holstein gewonnen werden. Nur auf den nordfriesischen Halligen gibt es noch ein weiteres Brennmaterial – den getrockneten Rinderdung, der in Form der Didden bekannt ist.

Nach Beendigung der Ackerarbeiten im Spätherbst und in den Wintermonaten werden im Turnus von 8–10 Jahren die Knicks geschlagen – vornehmlich auf den Äckern, die im Rahmen der Fruchtfolge nach einer Wechselweide umgebrochen werden sollen. Mit Axt, Beil und Handsäge wird der verschieden dicke Bewuchs abgeschlagen oder abgesägt. Die Zweige werden geordnet auf Haufen zum Abtransport abgelegt. Schwarz- und Weißdorngeäst wird gesondert gelagert und zum Abdichten von offenen Knickstellen auf Weideflächen verwendet.

Brennstoffgewinnung

Bei vielen Knicks sind die Besitzverhältnisse so geregelt, daß die jeweilige Knickhälfte bis zum Kamm dem Landanlieger gehört. Dann kommt es vor, daß das Abschlagen des Buschwerks in unterschiedlichen Jahren vorgenommen wird.

Brennstoffgewinnung

Nach dem Abschlagen und Abräumen des Bewuchses werden die Knicks »gegraben«. In einer Breite von 1/2 m wird der Knickfuß in Spatentiefe abgegraben und das Erdmaterial gleichmäßig auf den Knick verteilt.
Bei der Arbeit weicht der Hund nicht von der Seite seines Herrn.

Brennstoffgewinnung

Buschabfahren um 1930. Zum Abfahren des Buschholzes aus den Knicks und der Baumäste, die im Wald anfallen, wird ein Kastenwagen des Hofes umgerüstet – der Wagenaufbau außer dem Unterbrett wird heruntergenommen – die beiden Rungen des Hinterwagens durch etwa 2 m lange Stangen ersetzt. Die Holsteiner Pferde müssen nach längerer Ruhepause in den Wintermonaten in ihrem Temperament und Übermut gezügelt werden.

Beim Aufladen des Buschholzes reicht eine Arbeitskraft die einzelnen Zweige mit dem Stielende dem Lader zu, der dann das Holz mit dem Buschende nach hinten zwischen die eingesetzten Stangen des Hinterwagens legt.

Beim Abfahren zum Holzlagerplatz sitzt der Kutscher auf einem Strohsack im vorderen Bereich des geladenen Fuders und gibt durch sein Gewicht der Ladung einen zusätzlichen Halt. Vor dem Abladen des Buschwerks wird eine Stange aus dem Hinterschemel des Hinterwagens herausgenommen und die ganze Ladung über das Rad zur Seite gekippt. An kalten Wintertagen werden den Pferden Decken aufgelegt, besonders dann, wenn sie eine längere Zeit vor dem Wagen stehen müssen.

Brennstoffgewinnung

In den Wintermonaten, oft bei Kälte und Schnee, beginnt der Brennholzeinschlag im Bauernwald. Äxte, Sägen und Keile gehören zum Handwerkszeug der Holzfäller. Nachdem die zu fällenden Bäume ausgesucht und markiert worden sind, schätzen die Waldarbeiter die Richtung ab, in die die Bäume fallen sollen. Danach wird der Baum von der Fallseite angekeilt.

Nach dem Ankeilen wird auf der gegenüberliegenden Seite der Baum mit der Baumsäge angesägt und zu Fall gebracht.

Die gefällten Bäume werden ausgeästet und die Stämme in Meterstücke zersägt. Letztere werden mit Eisenkeilen zu Kloben aufgespalten.

Brennstoffgewinnung

An einem Wintertag um 1930. Jährlich wird in den kleineren Bauernwäldern zur Deckung des Brennholzbedarfs Holz eingeschlagen. Dabei handelt es sich in der Regel um Durchforstungen, d. h. zum Schutz des Nutzholzes werden zweitklassige Bäume gefällt. Gerade Stammenden von Eichen werden herausgesägt und zu Eichenspaltpfählen für Koppeleinfriedigungen verarbeitet. Die übrigen Stämme werden in Meterstücke zersägt und an Ort und Stelle gespalten.

Brennstoffgewinnung

Das Aufladen der Baumäste im Wald gestaltet sich schwieriger. Hier müssen oft zwei Arbeitskräfte gemeinsam zupacken, um einen großen Ast auf den Wagen zu laden.

Leichteres Buschwerk bildet den Abschluß bei der Beladung des Fahrzeugs.

Brennstoffgewinnung

In Staatsforsten und auch in Bauernwäldern wurden in früheren Zeiten nach dem Holzeinschlag die Stubben zum Ausgraben freigegeben. Wenn das Nutzholz zum Rücken bereitlag, das Brennholz zum Abtransport gestapelt und das Geäst der Bäume beseitigt waren, hatten die armen Dorfbewohner, die weder Wald, Knicks noch Moore besaßen, die Gelegenheit, die im Wald verbliebenen Stubben zu roden. Diese schwere Arbeit wurde meist nur zu zweit in Gemeinschaftsarbeit von kräftigen Männern bewältigt.

Zunächst wurde in einem weiten Kreis um den Stubben die Erde abgegraben um die seitlich abgehenden großen Baumwurzeln freizulegen; als Handwerkzeug wurden dazu Spaten, Pickhacke und Schaufel benutzt. War die Erde beseitigt, durchtrennte man das Wurzelwerk und zerlegte es in Bruchstücke; dazu mußten Keile und Brechstangen eingesetzt werden, die mit Vorschlaghammern in das zähe Wurzelwerk hineingetrieben wurden.
Nur mit Vorsicht wurden wegen der im Erdreich befindlichen Steine Äxte und Beile benutzt, der Gebrauch von Sägen war nahezu unmöglich. Mit großen körperlichen Anstrengungen konnte schließlich der Stubben freigelegt und mit Geschick in handliche Stücke gespalten werden.
Mit Hand- und Blockwagen wurde das mühsam geworbene Holz aus dem Wald abtransportiert. Beschwerlich war es, die vollbeladenen Karren auf dem unwegsamen Waldboden vorwärts zu bewegen.

Brennstoffgewinnung

Holzabfahren auf einem Gutsbetrieb im Kreis Segeberg. An einem Wintermorgen bei einer leichten Schneedecke, zwei Schleswiger Gespanne mit Kastenwagen auf dem Weg zum Wald.

Brennstoffgewinnung

Mit den hochbeladenen Holzwagen zurück zum Hof.

Brennstoffgewinnung

Beim Durchforsten des Waldes ist Stangenholz angefallen, das zum größten Teil als Brennholz in Herd und Öfen verwendet wird. Gerade Stangen werden beiseite gelegt und gesondert genutzt.

Brennstoffgewinnung

An Wintertagen mit Schnee wird das Holz aus dem Wald mit dem sogenannten Holzschlitten abgefahren.

In der Zeit nach dem 2. Weltkrieg wurden für den Holztransport zunehmend gummibereifte Ackerwagen eingesetzt.

Brennstoffgewinnung

Holzsammeln – eine Arbeit für die Ärmeren. In den Laubwäldern gab es immer genügend Sammelholz. Äste waren nach den Herbststürmen auf den Waldboden gefallen oder nach dem Fällen großer Bäume liegengeblieben. Hier betätigten sich auch die Frauen bei der Sammelarbeit – die Kinder als Gehilfen oft dabei.

Brennstoffgewinnung

In einer Zeit, als es für die Schwächsten und Ausgestoßenen der Gesellschaft keine staatlichen Unterstützungen und soziale Hilfen gab, bettelten diese Menschen um die Grundausstattungen des Lebens – um Nahrung und Kleidung. Die Holzvorräte für das Jahr sammelten sie in den Wäldern in der näheren Umgebung ihrer Behausung.
Um 1920. Diese Frauen lebten als Einsiedlerinnen in ihren selbstgebauten Waldhütten. Ängstlichkeit und Verbitterung sind aus ihren Gesichtern zu lesen.

Der »Alte Mann« trägt das gesammelte Holz auf den Schultern zu seiner Kate.

Brennstoffgewinnung

Zum Hochranken der Markerbsen werden Haselzweige verwendet, die beim Abschlagen der Knicks ausgesucht und sorgfältig beiseite gelegt worden sind und auch gesondert auf dem Holzplatz gelagert wurden. Vor seiner Verwendung wird das sogenannte Erbsenbusch mit dem Beil angespitzt.

Aus dem Stangenholzvorrat werden 2–2,2 m lange gerade Stücke herausgesägt, die als Schlagpfähle bei der Einzäunung von Wiesen und Weiden Verwendung finden. Diese Stangen werden am dickeren Ende entweder mit dem Beil oder der Kreissäge angespitzt.

Brennstoffgewinnung

Brennholzmachen in alter Zeit. Das im Winter geschlagene Holz wird auf den Holzlagerplatz in der Nähe von Haus und Hof gebracht. Das Buschholz wird mit dem Beil auf dem sogenannten Haublock, das ist ein gerades Stück aus einem Baumstamm, zerkleinert. Diese Arbeit ist vorwiegend Sache der Hausfrauen und ihrer Hilfskräfte, die jede freie Zeit, die nicht mit Hausarbeit angefüllt ist, dafür nutzen.

Auf einer kleinen Kate um 1935. Die Frau des Kätners und die beiden ältesten Kinder hacken Buschholz. Auf einem vierten Haublock liegt ein Beil – für den Kätner selbst; wenn er keine andere Arbeit auf der Hofstelle verrichten muß, nimmt er auch sein Beil in die Hand.

Brennstoffgewinnung

Um 1910. Die junge Frau betätigt sich beim Buschholzhacken. Oft sind die Kinder als Zuschauer in der Nähe ihrer Mutter.

Brennstoffgewinnung

Am Anfang des 20. Jahrhunderts wurden in der Maschinenfabrik Jensen in Maasbüll bei Flensburg die ersten Buschhackmaschinen entwickelt, die in der knickreichen Landschaft Angeln zahlreiche Käufer fanden. Diese Maschinen wurden in vielen Dörfern genossenschaftlich eingesetzt und mit Dampfmaschinen, später mit Elektromotoren oder Schleppern angetrieben.

Bis zum ersten Weltkrieg war die Konstruktion bei einfachen Geräten stehengeblieben. Erst in den 20er Jahren wurden leistungsfähige Maschinen erfunden, manche Modelle waren zusätzlich mit einer Kreissäge zum Zersägen von Kloben- und Stangenholz ausgerüstet.

Die ersten Buschhackmaschinen waren Standgeräte, sie waren auf einem stabilen Holzgerüst montiert und konnten nur auf Fahrzeugen oder Schleppen beweglich gemacht werden.

Das geschlagene Buschwerk wurde mit dem Stielende in die trichterförmige Öffnung gesteckt und zwischen zwei Einzugswalzen den an einem großen Schwungrad befestigten zwei Hackmessern zugeführt. Einzugsgeschwindigkeit und Schwungradumdrehung waren so aufeinander abgestimmt, daß die Länge der Kleinholzstücke nicht größer als 15–20 cm war.

Buschhackmaschine der Firma Peter Jensen in Maasbüll um 1920. Die Maschine besteht in allen Teilen aus Eisen und Stahl.

Brennstoffgewinnung

Buschhacken um 1920. Die ersten mit einem Elektromotor ausgerüsteten Maschinen sind im Einsatz. Das Gerät ist auf einem fahrbaren Untergestell mit starken eisenbereiften Holzrädern montiert. Mehrere Arbeitskräfte schleppen das Busch zur Maschine und stecken die z. T. sperrigen Zweige in die Öffnung des Hackwerkes.

Buschhacken auf einem Hof im Kreis Rendsburg um 1925. Eine größere Genossenschaftsmaschine ist auf dem Hof aufgestellt. Das Buschholz wird armvollweise in die trichterförmige Öffnung hineingelegt, mit einer hölzernen Stange wird dieses an die Einzugswalzen herangeschoben und dann automatisch reingezogen. Das gehackte Holz wird in Torfkörben weggetragen.

Brennstoffgewinnung

Um 1935. Das Buschholz liegt fuderweise abgekippt auf dem Holzlagerplatz. In unmittelbarer Nähe ist die Buschhackmaschine aufgestellt. Die Bedienungsmannschaft bei mittelgroßen Geräten besteht aus 5–6 Arbeitskräften.

Um 1935. Das abgeschlagene Buschholz wurde an einer entfernt liegenden Stelle gelagert und wird bündelweise mit einem Pferd an die Hackmaschine herangeschleppt.

Brennstoffgewinnung

Um 1940. Eine Genossenschaftsmaschine wird von einem betriebseigenen Schleifring-Elektromotor mit 15 PS angetrieben. Für das Heranschleppen und Einlegen des Buschholzes sind vier Arbeitskräfte eingesetzt; der Maschinenmeister überwacht das Einlegen und beseitigt Störungen, wenn sich Äste in der Einlegeöffnung verklemmen. Mit einem Hebel können die Einzugswalzen, die mit einer Federspannung gegeneinander gezogen werden, zusätzlich zusammengedrückt werden. Eine sechste Arbeitskraft wirft das gehackte Holz auf einen Diemen.

Das Buschhacken ist beendet, die Maschine wird mit der Hand um einige Meter vorgezogen und zum Abtransport an den Vorderwagen eines Kastenwagens gehängt.

Brennstoffgewinnung

Der Buschholz-Diemen bleibt bis Johanni (24. Juni) im Freien stehen. Erst dann, wenn das gehackte Holz genügend Feuchtigkeit verloren hat, kann es unter Dach gebracht werden.

Zum Abschluß wird das Stromkabel aufgenommen und sorgfältig über den Motor gelegt. Der auf einer Schleppe montierte Motor wird sodann von Pferden an seinen festen Standort in der Scheune gezogen.

Brennstoffgewinnung

Um 1930 wurden von der Firma Jensen, Maasbüll, kombinierte Buschhack- und Sägemaschinen entwickelt und um 1935 auf den Markt gebracht.

Um 1935. Eine kombinierte Buschhack- und Sägemaschine wird von einem Dreiradschlepper angetrieben.

Brennstoffgewinnung

In den Kriegsjahren fehlten auf den Höfen die jüngeren männlichen Arbeitskräfte. Dann mußten auch Frauen beim Buschhacken mithelfen.

Sackschürzen, das sind aufgeschnittene Jutesäcke, dienten dem Schutz der Kleidung.

Brennstoffgewinnung

Ein Lohnunternehmer hat seine kombinierte Buschhack- und Sägemaschine für den Transport mit Hartgummireifen ausgerüstet.
Bei solchen Großmaschinen können die Bedienungsmannschaften ganze Bündel von Buschwerk dem Einzugsmechanismus zuführen.

Brennstoffgewinnung

Der Buscholzdiemen hat mehrere Monate im Freien gestanden.

Zwischen Heu- und Getreideernte wird das Buscholz eingefahren – dafür gab es in der Regel spezielle Buschholzställe.

Der Kastenwagen ist vollgeladen – das Abladen in den Holzstall gestaltet sich meistens schwieriger als das Aufladen.

Brennstoffgewinnung

Das sogenannte »dicke Holz« – Kloben- und Stangenholz, auch Knüppelholz genannt – wird auf dem Sägebock in ofenlange Stücke zersägt.

Das Kätnerehepaar beim Sägen von Knüppelholz, die beiden Schulmädchen tragen das gesägte Holz mit dem Torfkorb in den Holzstall.

Auch eine Altenteilerin auf einer kleinen Kate betätigt sich noch beim Holzsägen, der Enkel fährt mit seinem Blockwagen die Holzstücke in den Stall.

Brennstoffgewinnung

Ein Abnahmeehepaar beim Brennholzmachen, er sägt mit der Bügelsäge das Knüppelholz auf dem Sägebock, und sie spaltet mit dem Beil das zersägte Klobenholz auf dem Haublock in ofengerechte Stücke.

Um 1910. Die Großmutter beim Holzspalten, in ihrer Obhut die Enkel.

Brennstoffgewinnung

Vor dem Sägen werden die noch zu dicken Holzstücke gespalten, das geschieht mit Eisenkeilen, die mit einem hölzernen Schläger in das Holz getrieben werden. Beim Gebrauch eines eisernen Steinhammers würden die Eisenkeile am Schlagende demoliert werden.

Auf einem größeren Betrieb in Holstein um 1930. Auf dem Holzlagerplatz wird das Klobenholz mit der Kreissäge zersägt, aus dem Stangenholz werden passende Stücke für Pfähle herausgesucht und die nicht gebräuchlichen Stangen ebenfalls zerkleinert. Die Säge wird durch einen Rohölmotor angetrieben, der gleichzeitig eine Buschhackmaschine, die auf der anderen Seite des Motors aufgebaut ist, antreibt.

Brennstoffgewinnung

Um 1935. Auf einem größeren Hof werden die mit Kloben- und Stangenholz beladenen Fahrzeuge direkt an die Kreissäge herangefahren und die Holzstücke derArbeitskraft an der Säge zugereicht. Ein 20 PS starker Elektromotor dient als Antriebskraft.

Nach dem Sägen werden die Holzstücke mit der Axt oder dem Beil auf dem Haublock ofengerecht gespalten.

Auf dem Holzlagerplatz ist die Arbeit des Zerkleinerns von dickem Holz und Buschholz beendet. In den Sommermonaten kann das Holz noch weiter an der Luft trocknen und wird dann vor der Getreideernte unter Dach gebracht.

Torfgewinnung

Allgemeine Betrachtungen

Die Moore in Schleswig-Holstein sind nach der letzten Eiszeit vor etwa 10 000 Jahren entstanden. Sie bildeten sich dort, wo sogenannte Gletscherseen ohne Abfluß auf undurchlässigem Untergrund entstanden waren. Im Laufe der Jahrtausende kam es in diesen Flachgewässern zu einer natürlichen Verlandung, indem sich abgestorbene Pflanzen nach den Vegetationsperioden am Gewässergrund ablagerten und aufeinanderschichteten. Durch die fermentative Umwandlung der abgestorbenen organischen Substanzen und unter dem Einfluß von Mikroorganismen entsteht der sogenannte Torf, ein Produkt keiner bestimmten chemischen Zusammensetzung, sondern je nach dem Grad der Zersetzung von unterschiedlicher Konsistenz.

In den ersten Stadien dieses Prozesses läßt sich die Struktur der Pflanzen noch deutlich erkennen. In fortgeschrittenem Zustand entsteht ein homogener, anscheinend strukturloser Körper, der in den unteren Schichten des Torflagers zudem einem größeren Druck ausgesetzt ist.

Folgende Torfarten lassen sich demnach unterscheiden:

In den untersten Schichten des Torfmoores besitzt der sogenannte Schwarztorf die besten Brennqualitäten, die nächsten Ablagerungen werden durch den sogenannten Schilf- und Seggentorf gebildet, und in der oberen Schicht besteht der sogenannte Fasertorf aus den noch wenig zersetzten Substanzen – letzterer ist hell und leicht und im getrockneten Zustand ohne große Heizkraft.

Torfstechen und Torfgraben gehörten auf der Geest, dort wo sich die größten Moor- und Heideländereien befinden, bis zum Beginn der 50er Jahre zu den saisonabhängigen Arbeiten. In diesen Gebieten wurde ein Großteil des Feuerungsbedarfs durch Torf gedeckt. Holz von Knicks und aus den kleinen Bauernwäldern ergänzten das Brennmaterial.

Die Torfsaison begann nach Einsetzen der Vegetation, wenn der Boden in allen Schichten aufgetaut war, zeitlich im Jahresablauf vor der Heuernte.

Brennstoffgewinnung

Torfstechen auf der Rendsburger Geest um 1930. Die obere Bodenschicht ist bis zu einer Tiefe von etwa 50 cm abgeräumt, darunter beginnen die Torfschichten unterschiedlicher Qualität. Mit dem Torfmesser sind senkrechte Einschnitte in Längs- und Querrichtung zur Torfbank erfolgt und damit Breite und Länge der Torfsoden festgelegt. Der nächste Einschnitt in die Bank erfolgt parallel zur Oberfläche mit dem Torfspaten. Die Torfsoden lösen sich aus dem Verband und werden mit dem Spaten auf die Oberkante der Torfbank gelegt. Hier werden die naturfeuchten Torfstücke auf Schiebkarren verladen und zum Trockenplatz gefahren. Der Umgang mit den Torfstücken muß mit Sorgfalt vorgenommen werden – zerbrochene Stücke können nur nach einem Knetvorgang in neue Formen gebracht werden.

Der Torfabbau wird großflächig vorgenommen, die abzubauende Torfschicht in einer Stärke von etwa 1,50 m liegt auf einer trockenen und festen Mineralbodenschicht. Das Beladen der für den Sodentransport besonders konstruierten Schiebkarren wird durch den Torfstecher unmittelbar nach dem Schneiden mit dem Torfspaten vorgenommen, ohne daß die Soden noch einmal abgelegt werden müssen. – Jeder Torfschneider fährt mit seiner Schiebkarre zum Trockenplatz.

Brennstoffgewinnung

Kurze Arbeitspause beim Beladen der Schiebkarren. Frauen sind für diese Arbeit eingeteilt.

Die Torfschicht hat eine Stärke von über 2 m. Hier wird der Abtransport der Torfsoden zum Trockenplatz mit Hilfe einer Holzschleppe, die von einem Pferd gezogen wird, vorgenommen. Die dafür eingeteilte Arbeitskraft nimmt die Soden vom Torfspaten, die ihm der Torfstecher zureicht.

Auf dem Trockenplatz wird die Holzschleppe auf die Seite gekippt – die Torfsoden liegen dann auf Hochkant so nebeneinander, daß der Trockenvorgang beginnen kann.

161

Brennstoffgewinnung

Bei hohem Grundwasserstand und stark mit Wasser durchsetzten Torfschichten kann der Torfabbau nur mit Hilfe des sogenannten Torfbackens oder Torfgrabens erfolgen. Der in seiner Konsistenz sehr unterschiedliche Torf wird nach dem Ausgraben in ein durch Pfähle und Bohlen gezimmertes mehreckiges Becken hineingeschaufelt. Nach dessen Füllung wird die Torfmasse von Pferden durchgeknetet und bei Bedarf durch Wasserzusatz breiiger gemacht.

Nach dem Durchmischen der Torfmasse läßt man das Torfbecken solange stehen, bis es oberflächlich begehbar ist. Dann entfernt man die Beckenumgrenzung und kann den angetrockneten Torf mit Torfmesser und Torfspaten in Stücke schneiden und diese zum Trocknen aufstellen.

Brennstoffgewinnung

Eine andere Methode ist das Einfüllen der durchgekneteten Torfmasse in eine Torfform. Diese wird auf einer Spezialschiebkarre befüllt und zum Trockenplatz gefahren.
Die Torfform wird mit Inhalt von der Karre abgekippt und so angehoben, daß die geformten Torfstücke auf der Erdoberfläche liebenbleiben.

Brennstoffgewinnung

Ähnlich wird der Prozeß des Torfformens an einem anderen Ort vorgenommen. Hier wird mit einer kastenförmigen Schiebkarre der Torfbrei aus dem Becken unmittelbar zum Trockenplatz gefahren.

Brennstoffgewinnung

An der Schiebkarre befindet sich oberhalb des Rades eine kleine Plattform. Darauf wird eine passende Torfform gelegt, mit Torfbrei aus der Schiebkarre befüllt und anschließend auf dem Tockenplatz entleert.

Brennstoffgewinnung

Bei einer weiteren Torfgewinnungsmethode wird der in der Tiefe des Moores befindliche Schwarztorf mit einer Spezialschaufel, einem eisernen scharfschneidigen Ketscher an einem langen Stiel herausgeholt und in einem kastenförmigen Floß an den Rand des Moorlochs gefahren.

Die Torfarbeiter haben sich aus Strohgeflecht einen Windschutz aufgebaut, den sie in Arbeitspausen aufsuchen. In der Nähe der Moorgrube ist eine von Wind angetriebene Wasserpumpe zum Absenken des Grundwasserspiegels aufgebaut.

Brennstoffgewinnung

Am Rande der Moorgrube wird der nasse Schwarztorfbrei aus dem Floß geschaufelt und bleibt zum Antrocknen auf festem Grund einige Zeit liegen. Bei der weiteren Bearbeitung wird der Torf geformt und zum Trockenplatz gebracht.

Brennstoffgewinnung

Am Ende des 19. Jahrhunderts kamen Sturzkarren mit Messerwellen, sogenannte Backkarren in Gebrauch, bei denen während der Fahrt von der Torfkuhle zum Trockenplatz der Torfschlamm automatisch durchgearbeitet werden konnte.

Brennstoffgewinnung

Auf dem Trockenplatz wird der durchgeknetete Torf in eine auf der Erde liegenden Torfform gebracht.

Die Torfform wird angehoben und zur nächsten Befüllung wieder auf den Boden gelegt.

Brennstoffgewinnung

Am Rande des Moores bewirtschaftet der Torfbauer eine kleine Kate. Im Schutze von Bäumen und Sträuchern liegt das bescheidene Anwesen einsam in der Feldmark. Drei Ziegen weiden auf der angrenzenden Wiese – für die Rinderhaltung reicht die Landfläche nicht aus.

Neben den frisch geformten Torfstücken sind die schon angetrockneten Soden »geringelt«, d. h. zu kleinen Haufen aufgesetzt.

Brennstoffgewinnung

Die Handarbeit bei der Torfgewinnung wurde im 20. Jahrhundert weitgehend durch Torfpreßmaschinen abgelöst. Die ersten Typen dieser Torfpressen wurden durch Pferdekraft in Betrieb gesetzt. Mit Hilfe einer in einem Zylinder stehenden archimedischen Schraube wurde die in den Behälter hineingeschaufelte Moorerde durch eine am Grund befindliche Öffnung herausgepreßt. Der zusammengedrückte Torfstrang wurde in Stücke geschnitten und diese zum Trocknen auf den Trockenplatz gefahren.

Brennstoffgewinnung

Die lockere Torferde wird mit einer von einem Pferd gezogenen Sturzkarre zur Torfpresse befördert.

Die gepreßten Torfstücke werden von der Maschine abgenommen und mit der Schiebkarre zum Trockenplatz gefahren.

Brennstoffgewinnung

Im weiteren Verlauf der Technisierung wurden schwere, eiserne Torfpressen entwickelt, die mit Motorkraft angetrieben wurden. Durch solche Maschinen erzielte man mit genügend Bedienungspersonal beachtliche Leistungen.

Für das Abgraben des Torfes und das Befüllen der Torfpresse waren vorwiegend männliche Arbeitskräfte eingesetzt. Frauen nahmen die gepreßten Stücke aus der Maschine.

Brennstoffgewinnung

Die Torfpresse wird durch einen Rohölmotor angetrieben. Frauen legen die gepreßten Torfstücke auf Bretter. Im Wechsel werden zwei pferdebespannte Schleppen mit den Torfbrettern beladen und zum Trockenplatz gezogen.

Brennstoffgewinnung

Um 1925 in einem größeren Torfabbaugebiet. Die Arbeit des Torfmachens ist weitgehend technisiert. Die Torfpresse wird von einer Dampfmaschine angetrieben. Die gepreßten Torfstücke werden mit Loren zum Trockenplatz befördert. Eine entsprechend große Bedienungsmannschaft sorgt für einen reibungslosen Arbeitsablauf.

Die Loren sind in mehreren Etagen beladen worden. Frauen nehmen die auf Brettern liegenden Torfstücke ab und legen sie zum Trocknen aus.

Brennstoffgewinnung

In gewissen Zeitabständen werden die Torfstücke auf dem Trockenplatz gewendet, damit sie von allen Seiten gleichmäßig trocknen können.

Die letzte Phase des Trocknens beginnt nach dem Aufsetzen zu lockeren Rundhaufen – es werden Diemen gesetzt.

Brennstoffgewinnung

In den Diemen beibt der Torf bis Anfang September auf dem Feld. Auch bei längeren Regenperioden bleiben die Torfsoden in den großen Rundhaufen relativ trocken.

Brennstoffgewinnung

Auf der Rendsburger Geest um 1925. An einem sonnigen Tag im Spätsommer sind die Vorbereitungen für das Torfeinfahren abgeschlossen. Die ortsüblichen Kastenwagen sind für den Transport des Brennmaterials ausgerüstet, und alle Arbeitskräfte des Geesthofes haben sich zum Ausrücken in das Torfmoor versammelt.

Didden – Feuerung in den Marschgebieten

Neben Holz und Torf bildete der getrocknete Rinderdung in den waldarmen Gebieten der Marschen ein weiteres im eigenen Land geworbenes Feuerungsmaterial. Besonders auf den Halligen wurde noch bis zur Elektrifizierung dieser Eilande in den 50er Jahren der anfallende Dung zu sogenannten Didden getrocknet.

In unmittelbarer Nähe der Rindviehställe war eine etwa 2 m tiefe Grube mit einem festen Mauerwerk angelegt. Die Größe dieser Dunggrube, im heimischen Sprachgebrauch als »Pottstall« bezeichnet, war dem Rindviehbestand angepaßt. Während des Winterhalbjahres wurde der Dung in diesen Pottstall verbracht. Da die Rinderstände mit Holzbohlen versehen waren, konnte man auf eine Stroheinstreu verzichten, und somit bestand der anfallende Stallmist nahezu ausschließlich aus Exkrementen.

Gegen Ende der Winterfütterungsperiode im April wurde der Dung zu Didden verarbeitet. Mit zusätzlich angenommenen Arbeitskräften wurde dieser in einer möglichst kurzen Zeit aus dem Pottstall mit Schiebkarren abgefahren und auf den Warfthängen gleichmäßig verteilt. In einer Schicht von 8–10 cm Dicke wurde das angehende Feuerungsmaterial ausgebreitet und anschließend mit Stampfern bearbeitet. Durch diesen Vorgang wurde die Konsistenz des Dungs für den anschließenden Trocknungsvorgang günstig beeinflußt. In früherer Zeit wurde das Durchkneten mit den Füßen der Hilfskräfte vorgenommen. Dieses sogenannte »Peitjen« wurde später durch das Stampfen abgelöst.

Etwa 8–14 Tage blieb der Dung zum Austrocknen auf dem Boden liegen. Wenn das Material begehbar war, wurde es mit einem messerartigen Gerät in Stücke geschnitten, die in diesem Trockenzustand eine Größe von 20 x 20 cm besaßen.

Nach dem Zerschneiden wurden die Didden senkrecht gegeneinander gestellt und blieben in dieser Stellung weitere 10–14 Tage stehen. Noch einmal wurden die Stücke gewendet, damit sie von allen Seiten gleichmäßig trocknen konnten. Nach dem gesamten Trocknungsvorgang wurden die Didden auf 1 m breite Holzgestelle in einer Höhe von etwa 1 m aufgesetzt.

Auf diesen Gestellen verlor das Brennmaterial einen weiteren Teil seiner Feuchtigkeit.

Nach den meist trockenen Monaten Mai und Juni wurde die Feuerung vor dem Einfahren des Heus im Juli in Torfkörben auf den Stallboden gebracht.

Brennstoffgewinnung

Während der Stallfütterungsperiode ist die Dungstätte, der Pottstall, in einer Höhe von mehr als 1 m über dem Erdboden mit Dung befüllt. Zum Aufladen auf die ortsüblichen Holzschiebkarren sind die stärksten Arbeitskräfte eingesetzt.

Das Fahren mit den Schiebkarren übernehmen auch Frauen. Mit dem befüllten Karren geht es am Warfthang bergab – die leere Karre muß gegen den Hang nach oben gezogen werden.

Brennstoffgewinnung

Das Ausbreiten des Dungs geschieht mit der Schaufel, zum Stampfen wird eine an einem längeren Stiel befestigte Bodenplatte in einer Größe von 30 x 30 cm und einer Dicke von 5 cm benutzt. Diese Platte ist von der Unterseite gewellt.

Brennstoffgewinnung

Zum Aufladen des Dungs wird eine mehrzinkige breite Stein- oder Grantforke verwendet. Das Beladen der Schiebkarren wird mit zunehmender Entleerung des Pottstalls schwerer.

Brennstoffgewinnung

Fünf bis sieben Arbeitskräfte sind auf größeren Halligbetrieben beim Diddenmachen eingesetzt...

...und auch jüngere Leute und Heranwachsende müssen mitanpacken.

Brennstoffgewinnung

Die Didden werden senkrecht aufgestellt . . .

. . . und am Ende der Trockenperiode auf Hochgestellen untergebracht, bevor das Feuerungsmaterial ins Hallighaus transportiert wird.

Reetgewinnung

In den ländlichen Siedlungen Schleswig-Holsteins wurde bis zum Ende des 18. Jahrhunderts zur Eindeckung der Dächer fast ausschließlich Reet verwendet. Von diesem Naturstoff, den trockenen Halmen des gemeinen Schilfrohrs, gab es in allen Gebieten des Landes genügende Mengen an den Küsten der Meeresarme, an den Ufern der Binnenseen und in den Niederungsgebieten an Flüssen, Auen und Bächen.

Um die Mitte des 19. Jahrhunderts kam mit dem Getreidestroh ein zweites Eindeckungsmaterial für Weichdächer hinzu: Denn nach der Einführung einer intensiveren Landwirtschaft durch die agrikulturchemischen Erkenntnisse von Justus von Liebig konnte das vermehrt anfallende Stroh auch für die Dachbedeckung eingesetzt werden. Erst nach der Einführung des maschinellen Drusches, bei der das Stroh gebrochen wurde, war dieses zum Dachdecken nicht mehr geeignet.

Um die Mitte des letzten Jahrhunderts wurde auch in ländlichen Siedlungsräumen vermehrt auf Hartdachbedeckungen zurückgegriffen, besonders, nachdem Ziegel und Pfannen maschinell hergestellt werden konnten. Damit war auch von der Kostenseite her eine Bedeckung mit Reet und Stroh weniger lukrativ. Im Laufe des 20. Jahrhunderts war der Reetbedarf selbst bei geringerer Nachfrage im Lande nicht mehr zu decken. Die Gründe hierfür waren zur Hauptsache in der Trockenlegung der Niederungen und der intensiveren Weidewirtschaft zu suchen. In heutiger Zeit werden im Rahmen der Denkmalpflege und der Maßnahmen bei der Dorferneuerung alle Versuche unternommen, die noch bestehenden Reetdachgebäude in ihrer Zahl und Substanz zu erhalten. Ebenso steht zu erwarten, daß durch die Renaturierung der Niederungsgebiete im Rahmen der Naturschutzmaßnahmen die Schilfflächen sich vergrößern werden, so daß in näherer Zukunft Reetbedarf und -eigenerzeugung aufeinander abgestimmt sein könnten.

Reetgewinnung

Reetschneiden in einem größeren Niederungsgebiet.
Dort, wo ständige Überflutungen von Flüssen auftreten, gibt es größere zusammenhängende Schilfgebiete. Mit Beginn der Frostperiode kann mit dem Schnitt des trockenen Schilfrohres, des Reets, begonnen werden, wenn die Mäher auf dem gefrorenen Untergrund festen Boden unter den Füßen haben. Mit der normalen Sense oder dem Haugeschirr – Sichte und Matthaken – werden die Reethalme ins Schwad gelegt.

In der schmalen Uferzone eines kleinen Flusses ist ein dürftiger Reetbestand herangewachsen. Der Mäher benutzt eine breitblättrige Spezialsense, die wie ein Haumesser in das Erntegut hineingeschlagen wird.

Reetgewinnung

Die abgemähten Reethalme werden zu einer Garbe, auch Schoof genannt, zusammengebunden. Dazu werden gedrehte Strohbänder, Sisal- oder Hanfbänder verwendet.

Reetgewinnung

Mehrere Garben werden zu Bündeln zusammengeschnürt und auf das feste Land getragen.

Reetgewinnung

Wenn die Reetgarben gebunden sind, werden sie alsbald an die trockene Uferzone getragen: Denn über Nacht kann es im Niederungsgebiet zu Überflutungen kommen, wenn ein Sturm das Wasser in die Meeresarme drückt.

Die Reetgarben liegen an der festen Straße am Rande der Uferzone zum Abfahren bereit.

Reetgewinnung

Das im Winter geerntete Reet steht zum Nachtrocknen bis zum Frühjahr in spitzen Rundhocken mit etwa 100 Garben.

An wärmeren April- und Maitagen wird das Reet durchgekämmt. Dazu werden die Garben aufgetrennt, und handvollweise werden die Reethalme über einen Holzkamm, auch Reep genannt, gezogen; das ist ein 4 cm dickes Kantholz, das mit 30–40 cm langen Holzzinken im Abstand von etwa 5 cm versehen ist. Bei diesem Vorgang werden die gebrochenen Halme und der Fremdbewuchs aus dem Bündel herausgezogen. Das gekämmte Reet wird zu Normalgarben von 35 cm Umfang oder zu Doppelgarben mit 50 cm Umfang gebündelt und zum Verkauf oder zur Verarbeitung im eigenen Betrieb bereitgestellt.

Milchwirtschaft

Rindviehhaltung aus historischer Sicht

Schon im alten Ägypten stand die Tierzucht auf verhältnismäßig hoher Stufe – als das nützlichste Haustier galt das Rind, dessen Spuren sich auf die Zeit um 3000 v. Chr. zurückverfolgen lassen.

Der Reichtum der »Großen« wurde an der Zahl ihrer Rinder gemessen – von pecus = das Rind läßt sich das Wort pecunia = Geld ableiten.

Die Rinder weideten während des Sommers im grasreichen Nildelta, das wegen des sumpfigen Bodens für den Ackerbau nicht geeignet war. Dorthin wurden die Rinder über weite Strecken getrieben, und beim Überwinden der Wasserarme wurden häufig Strecken schwimmend überwunden. Dabei wurden die Tiere von den Hirten in Booten begleitet, die die Kälber an den Vorderfüßen hinter den Kähnen herzogen.

Die wirtschaftliche Verwendung des Rindes war sehr vielseitig – es diente der Mast, wurde zur Milchgewinnung gehalten, auch wenn die Milchergiebigkeit der Kühe nur mäßig war, und es wurde zu Arbeitsleistungen eingesetzt. Rinder zogen den Pflug und die Schiffe auf dem Nil, droschen mit den Füßen das Getreide aus und fanden als Tragtiere Verwendung. Daß Rinder auch zu Stierkämpfen eingesetzt und als Opfertiere gehalten wurden, mag am Rande erwähnt werden.

Milchwirtschaft

Ägypter beim Melken. Marmor-Relief auf dem Sarkophag der Prinzessin Xaurit um 2000 v. Chr. Der Künstler meißelte der Kuh eine Träne ins Auge, weil der Mensch dem Kalb die Nahrung nahm.

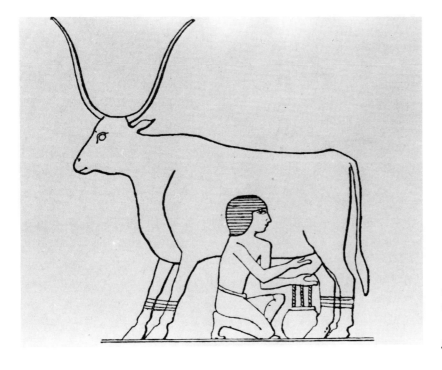

Vor 4000 Jahren – einer ägyptischen Kuh der »Langhornrasse« werden beim Melken die Vorder- und Hinterbeine gefesselt.

Milchwirtschaft

Rinderhaltung in Ägypten. Kalksteinrelief aus dem Alten Reich um 2300 v. Chr.

Um 1900. Ein Fellah, ein Bauer des vorderen Orients und Nachkomme der alten Ägypter, beim Pflügen.

Milchwirtschaft

Rindviehhaltung in Schleswig-Holstein

Vom Mittelalter her war Schleswig-Holstein ein Land, in dem die Rindviehhaltung und damit auch die Milchwirtschaft zu den Hauptbetriebs- und -erwerbszweigen der Landwirtschaft gehörten.

Auf den kleineren und mittleren Bauernhöfen waren die Bäuerinnen mit ihren Gehilfinnen, die als Meierinnen bezeichnet wurden, für die gesamte Milchwirtschaft – vom Melken bis zur Verarbeitung der Milch - verantwortlich. Auf den Großbetrieben lag die Milchviehhaltung oft in den Händen von Spezialisten, die aus Holland einwanderten und die Milchkühe von den Besitzern pachtweise übernahmen und die sogenannten Holländereien auf eigene Rechnung betrieben.

Mit der Intensivierung der Milchviehhaltung änderten sich die arbeitswirtschaftlichen Verhältnisse. Am Ende des letzten Jahrhunderts wurden zunehmend auch männliche Arbeitskräfte für die Rindviehhaltung eingesetzt und auf den größeren Höfen als Berufsmelker eingestellt. Zum Melken und beim Transport der Milch wurden in älterer Zeit hölzerne Milcheimer in der Form eines Kegelstumpfes verwendet.

Bei der kleinen Anzahl der gehaltenen Milchkühe und bei der geringen Milchleistung der Tiere wurde der Milchtransport meist noch mit der Hand durchgeführt. Eine Schultertrage – auch Tracht genannt – erleichterte den Transport. Dabei wurden auf die gefüllten Eimer kleine Holzbretter gelegt, die ein Überschwappen des flüssigen Inhalts verhinderten. In einigen Fällen wurden die Eimer von zwei Melkfrauen an langen Stangen getragen, die unter die Eimerbügel gesteckt wurden.

Milchwirtschaft

Melken auf der Weide

Um 1890 auf einem größeren Hof in Angeln. Mit Hilfe der Schultertrage trägt die Meierin die großen Milchgefäße mit einem Fassungsvermögen von etwa 20 l zum Melken auf die Weide.

Milchwirtschaft

Am Anfang des 20. Jahrhunderts wurden die hölzernen Milchgefäße durch Zinkgefäße ersetzt, die sich leichter reinigen ließen.

Um 1930. Eine junge Melkfrau aus der Landschaft Stapelholm mit der Schultertrage. Vor dem Anhängen an die Trage mußten die vollen Eimer austariert werden, damit das zu tragende Gewicht auf beiden Seiten übereinstimmte.

Geschickte Melkfrauen konnten die Milch auch mit der Schultertrage auf dem Fahrrad transportieren.

Milchwirtschaft

Zwei 20-Liter-Milchkannen können auch mit dem Fahrrad trasportiert werden. Die Kannen werden mit dem Bügel über die Lenkstange gehängt; an der Radgabel sind Halterungen befestigt, sodaß ein leichtes Drehen am Lenkrad möglich ist.

Milchwirtschaft

Mit der Intensivierung der Milchwirtschaft und der damit verbundenen größer werdenden Milchmenge wurden zum Transport der Milchgefäße von der Weide zum Hof und zu den Meiereien Fahrzeuge verschiedener Arten und Bauweisen eingesetzt.

Um 1930 auf einer Kate in Angeln. Mit dem Handwagen werden Kannen und Melkgeschirr – Melkeimer und Milchsieb – zum Melkplatz transportiert. Oft liegt die Weide in einer größeren Entfernung von der Hofstelle; mit den gefüllten Kannen ist der Weg zurück beschwerlich.

Um 1930. Auf einem kleinen Betrieb in Angeln gehen die beiden Jungen Mädchen mit dem Handwagen zum Melken.

Milchwirtschaft

Um 1950. Der technische Fortschritt hat auch bei den Handwagen nicht Halt gemacht, sie wurden auf Gummibereifung umgerüstet.

Milchwirtschaft

Um 1930. Auch Blockwagen werden für den Milchtransport verwendet. Eine Dogge ist als Zugtier angespannt.

Zur Unterstützung der Melkfrau beim Ziehen des Handwagens ist ein mittelgroßer Hund angespannt.

Milchwirtschaft

Um 1925. Auf einem größeren Betrieb in Holstein werden Milchkannen und Melkgeschirr mit einem von Hand gezogenen zweirädrigen Karren transportiert. Die Kannen hängen am Holzgestell, Eimer und Sieb liegen darauf.

Um 1910. Milchtransport mit dem zweirädrigen Karren – ein Hund ist zusätzlich angespannt und unterstützt die beiden Melker bei der Fortbewegung des Wagens.

Milchwirtschaft

Um 1920. Ein erfindungsreicher Melker hat ein dressiertes Kalb vorgespannt.

Um 1930. Vor dem einachsigen Wagen ist ein Pferd gespannt, das Fuhrwerk ist mit einem Sitz ausgerüstet.

Milchwirtschaft

Um 1915. Die Melkfrauen sind auf dem Weg zum Melken auf der Weide. Noch ist der ungefederte Milchwagen in Gebrauch, der aus dem Vorderwagen und dem Hinterwagen besteht. Beide Wagenteile sind durch Balken miteinander verbunden, an die die Milchgefäße gehängt werden. Seit der Jahrhundertwende wurden zum Melken Zinkeimer und für den Milchtransport mit Deckeln verschließbare Zinkkannen verwendet.
Die angehängten Kannen können beim Transport aneinanderschlagen und mit der Zeit stark verbeulen.

Um 1910 auf einem größeren Betrieb in Holstein. Die ersten gefederten Milchwagen sind im Einsatz und moderne Milchkannen mit einem Fassungsvermögen von 20 l in Gebrauch. Aber noch gibt es auch die alten hölzernen Milchgefäße, die die Meierin mit Hilfe der Schultertrage trägt.

Milchwirtschaft

Um 1920 auf der Insel Fehmarn. Ein gefederter Milchwagen ist so ausgerüstet, daß die Kannen sowohl auf die Plattform gestellt, als auch an den Rahmen des Wagens gehängt werden können.

Milchwirtschaft

Im Einzugsbereich von Meiereien, die eine ebenerdige Rampe besaßen, waren einachsige Milchwagen in Gebrauch, deren Ladefläche unterhalb der Achse an Federn aufgehängt war. Das Be- und Entladen der Milchkannen war auf diese Weise erleichtert

Milchwirtschaft

Um 1940 in Mittelholstein. Auf größeren Betrieben wurden im allgemeinen gefederte Milchwagen eingesetzt. Das Melkgeschirr – Kannen, Eimer und Milchsieb – ist auf dem Milchwagen verladen. Das Melkpersonal hat die Plätze auf dem Kutscherbock eingenommen, ein weiterer Sitzplatz ist durch das Herunterlassen der hinteren Wagenklappe entstanden. Oft sind die Kinder als Mitfahrer dabei, die die Arbeit der Erwachsenen beobachten und dabei schon früh einzelne Tätigkeiten erlernen.

Um 1935 in Holstein. Mit dem Milchwagen auf dem Weg zum Melken auf der Weide.

Milchwirtschaft

Melken auf einem größeren Hof in Holstein vor 1900. Zum Melken wurden in damaliger Zeit Holzeimer mit einem Fassungsvermögen von etwa 10 Litern benutzt. Die ermolkene Milch wurde in größere Holzgefäße umgefüllt, die mit dem Milchwagen auf den Hof transportiert wurden.

Um 1900 am Schleiufer in Angeln. Auf einem kleineren Hof werden Milchkühe und Jungvieh zusammen auf der Weide gehalten. Zum Melken werden die Kühe von den anderen Tieren getrennt und in einer mit Stangenholz eingefriedigten Melkstelle gemolken.

Milchwirtschaft

Melken auf einem größeren Betrieb in Angeln um 1915. Zwei Melkfrauen und ein Dienstjunge melken die 10–15 Kühe »auf der Regel«, der umzäunten Melkstelle. Der Milchwagen ist innerhalb dieses Platzes abgestellt. Eine Reihe von Kindern hat die Erwachsenen zur Arbeitsstelle begleitet.

In einer Melkstelle an einem idyllischen Waldrand hat der Melker seine Schwarzbuntherde gemolken. Die trockenstehenden Kühe werden von vornherein von den zu melkenden Tieren getrennt und bleiben während der Melkzeit außerhalb der eingezäunten Melkstelle.

Milchwirtschaft

Um 1910. Auf einer Kate in Nordfriesland werden die Milchkühe, die der Shorthorn-Rasse angehören, auf dem Vorplatz des Hauses gemolken. Aus einer Holztonne werden die Tiere getränkt.

Um 1910 auf der Insel Föhr. Zum Melken werden die Kühe auf die Hofstelle getrieben und an der Hofeinfriedigung angebunden.

Milchwirtschaft

Melken auf der Weide in einem Koog auf Nordstrand um 1930. Nordstrand ist eine ausgesprochene Ackerbauinsel mit einem geringen Anteil natürlichen Grünlandes. Auf den mittelbäuerlichen Betrieben spielte die Milchviehhaltung schon in früherer Zeit eine untergeordnete Rolle, dabei waren die Shorthorns im Anteil der Rassen dominierend. Mutter ...

... und Tochter beim Melken. Die abgesetzten Sonntagshüte tun noch ihre Dienste, sie schützen das Haar vor Verschmutzung.

Die Milch wird in Zinkeimern zum Hof getragen.

Milchwirtschaft

Um 1935 – Melken auf einer Kate. Ein Hund ist vor dem Handwagen angespannt, das Gefährt ist vor dem Koppeltor außerhalb der Weide abgestellt, um die Kühe nicht zu beunruhigen. Beim Abgießen der ermolkenen Milch bleiben die Kannen auf dem Handwagen stehen.

Melken auf der Weide um 1935. Die junge Frau benutzt beim Melken keinen Melkschemel, sondern liegt dabei auf den Knien.
Selten wird die Milch in einem sogenannten Blockwagen transportiert, der sich mit seinen kleinen Rädern schwerer ziehen läßt als ein Handwagen.

Milchwirtschaft

In Angeln um 1930. Die Viehweide liegt in unmittelbarer Hofnähe, Milchkannen und Melkgeschirr – Melksieb, Melkeimer und Melkschemel – werden vom Melkpersonal zum und vom Melkplatz getragen. Das Angler Rind gehört von seiner Herkunft her einer urwüchsigen Landrasse an – im Körpergewicht ist es leichter und in seiner Wesensart temperamentvoller als die Tiere der drei anderen in Schleswig-Holstein gehaltenen Rassen – Schwarzbunte, Rotbunte und Shorthorn.
In früherer Zeit waren die meisten Viehweiden in der Landschaft Angeln nur durch die natürlich gewachsenen Knicks eingefriedigt. In die offenen Stellen der Umzäunung wurden abgeschlagene Dornen gepackt; dennoch versuchten manche Tiere, die Umzäunung zu durchbrechen. Diesen Ausbrechern wurden Knüppeljoche umgebunden, die an einer kurzen Kette am eisernen Halsring befestigt waren. Noch wirksamer konnten die unverbesserlichen Ausreißer durch Bretterjoche in ihrem Temperament gezügelt werden.

Milchwirtschaft

Um 1935 in Angeln. Die Kühe sind zum Melken in die Melkstelle getrieben. Im Laufe der Weidezeit gewöhnen sich die Tiere an diesen Vorgang und kommen oft schon allein zum Melkplatz.
Die Milchkannen sind vom Milchwagen heruntergenommen und stehen außerhalb der eingezäunten Melkstelle. Das sogenannte Melkpferd bleibt angespannt vor dem Wagen.

Um 1935. Eine größere Angler Herde wird in einer Melkstelle gemolken, die in einer Ecke der Viehweide in der Nähe des Koppeleingangs eingerichtet ist. Bei ruhiger Behandlung stehen die Tiere beim Melkvorgang zum Wiederkäuen. Einige Milchkühe tragen Knüppeljoche.

Milchwirtschaft

Um 1935 in Ostholstein. Zehn Schwarzbunte werden in einer Melkstelle gemolken.

Die ermolkene Milch wird mit Hilfe eines Filtersiebes gereinigt und in eine 20-l-Kanne gegossen.

Die daneben stehende Kanne faßt 40 l, sie wird an zwei Griffen von 2 Personen getragen.

Milchwirtschaft

Um 1935 in Mittelholstein. Eine Rotbuntherde weidet auf der Hauskoppel und wird in umittelbarer Nähe der Hofstelle gemolken.

Auf kleinen und mittelgroßen Betrieben wird die Melkarbeit vorwiegend von Frauen ausgeführt.

Milchwirtschaft

Um 1935. Junges Mädchen beim Melken.

In der Nähe des Ziehbrunnens, aus dem die Kühe getränkt werden, sind die Milchkannen abgestellt. Die ermolkene Milch wird mit Hilfe eines Siebes gereinigt, zwischen dessen gelöcherte Einsätze ein Wattefilter gelegt wird.

Milchwirtschaft

Um 1935 in einem alten Koog in Nordfriesland. Die Shorthornkühe werden in der Nähe der Hofstelle gemolken. Zum Abtransport der Milch genügen zwei Milcheimer. Ein gefüllter Eimer steht auf dem Holzsteg, der über den breiten Entwässerungsgraben führt, und ist auf diese Weise vor den Kühen in Sicherheit gebracht.

Auf der Insel Pellworm um 1935. Dort wurden in jener Zeit vorwiegend Shorthorn-Rinder gehalten. Neben der Milchviehhaltung war auch die Fettviehgräsung ein bedeutender Betriebszweig.

Milchwirtschaft

Auf kleineren Betrieben und Katenstellen wird die Melkarbeit oft vom Besitzerehepaar allein geleistet.

Milchwirtschaft

Um 1930 auf einer Hallig. Die einzige Milchkuh des Halligbauern wurde zum Melken von der Fenne auf die Warft geholt und an der Grundstückseinfriedigung angebunden. Die Melkerin sitzt beim Melken auf einem vierbeinigen Melkschemel – solche wurden nur in Ausnahmefällen verwendet.

Melken in der Elbmarsch um 1940. Rotbunte Rinder haben ein ruhiges Temperament – während des Melkens läßt sich die Kuh von der Bauerntochter streicheln.

Milchwirtschaft

In Sonderfällen müssen auch Schwarzbunte und Rotbunte ein Joch tragen, wenn die Koppeleinfriedigungen zu dürftig sind oder der Freiheitsdrang der Kühe zu groß ist.

Milchwirtschaft

Melken auf der Weide um 1940 auf einem mittelbäuerlichen Betrieb. Die Kühe sind an das Melkpersonal gewöhnt und reagieren empfindlich auf eine unbekannte Person, besonders auf deren Melkmethoden, indem sie die Milch »zurückhalten«. In Ausnahmefällen vertritt der Betriebsleiter selbst die Melkkraft.

Beim Melken in Angeln um 1940. Die Melkfrau trägt zum Schutz des Haares ein größeres Kopftuch, das tief auf die Stirn heruntergebunden ist. Sie sitzt auf einem einbeinigen Melkschemel, der mit einem Lederriemen locker um die Hüften gebunden wird. Solche Melkschemel kamen in den 30er Jahren auf den Markt und wurden fast ausnahmslos von Berufsmelkern verwendet.

Milchwirtschaft

Melken in Mittelholstein um 1940. In den Kriegsjahren mußten oft auch ältere Menschen die Melkarbeit verrichten, weil die jungen Männer zum Kriegsdienst einberufen waren.

Milchwirtschaft

Seit Anfang des 20. Jahrhunderts gab es in Schleswig-Holstein eine besondere Form der Weidehaltung der Milchkühe – das Tüdern – das in bestimmten Gebieten in speziellen Betrieben angewendet wurde. Eine etwa 4 m lange Tüderkette war an einem Ende mit einem Kettenhalfter verbunden, der den Milchkühen auf den Kopf gesetzt wurde. Am anderen Ende war ein 30 cm langer eiserner Pfahl an einem Ring an der Kette befestigt. Die Stärke der Eisenglieder betrug etwa 0,6 cm, zwei Kettenwirbel auf der gesamten Kettenlänge verhinderten ein Aufdrehen.

Mit Hilfe eines hölzernen Rundschlägers wurde der Tüderpfahl in den Boden geschlagen. Auf diese Weise konnten die Milchkühe das Gras nur auf einer begrenzten Fläche abfressen. Das Tüdern gehörte in damaliger Zeit zur intensivsten Form der Weidehaltung. Später wurde die Portionsweidehaltung eingeführt, nachdem der Elektrozaun erfunden war.

Um 1935. Beim Melken der getüderten Angler Kühe fährt der Melker mit dem Milchwagen an der Kuhreihe entlang. Das ruhige Schleswiger Pferd ist als Melkpferd an diese Tätigkeit gewöhnt.
Der Melker benutzt den in den 30er Jahren erfundenen einbeinigen Melkschemel, der mit einem Riemen um die Hüften gebunden wird. Zum Abgießen der ermolkenen Milch sind zwei Milchkannen vom Wagen heruntergenommen und auf die geöffnete Kanne das mit einem Wattefilter bestückte Milchsieb gesetzt worden.

Milchwirtschaft

Um 1930. Das Melkerehepaar beim Melken der Schwarzbuntherde. Die Kühe stehen auf Tüder, auch der Bulle steht am Ende der Herde, am Kopf und am Nasenring mit doppelter Sicherheit angekettet.

Um 1935. Ein Melkerehepaar beim Melken auf einem mittelgroßen Bauernhof in Angeln. Schwere Angler Kühe stehen auf Tüder. Deutlich ist die abgefressene Weidefläche von dem üppigen Klee-Gras-Bestand zu unterscheiden, den die Tiere in den nächsten 12 Stunden abweiden können. Das Melkpferd grast während der Melkzeit – die nicht von den Kühen abgefressenen »Geilstellen« werden auf diese Weise beseitigt.

Milchwirtschaft

Kühe auf Tüder. Um 1940 auf einem Hof in Angeln. Der Melker hat Urlaub – während dieser Zeit müssen andere Arbeitskräfte beim Melken einspringen. Die Altenteilerin hilft aus . . .

. . . und ein Hauswirtschaftslehrling . . .

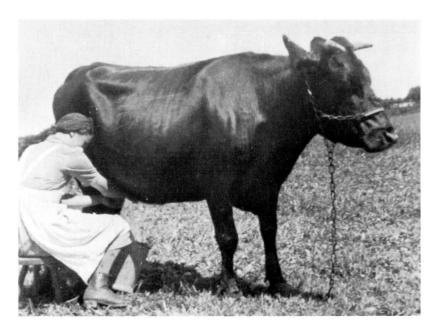

. . . und eine Arbeitsmaid sind zum Melken eingeteilt.

Milchwirtschaft

Um 1930. Eine Schwarzbuntherde steht auf Tüder. Der Melker hat seine Melkarbeit beendet. Der letzte Platz auf dem Milchwagen ist mit Kannen ausgefüllt. Anschließend wird die ermolkene Milch zur Meierei gefahren.

Zwischen den angepflockten Kühen stehen kleinere Wassertonnen, aus denen die Tiere getränkt werden. Dazu fährt der Melker mit dem Wasserwagen – am Waldrand sichtbar – an der Kuhreihe entlang und füllt die Holzgefäße auf. Zweimal am Tag wird der Tüderpfahl »vorgeschlagen«, damit wird den Kühen immer wieder frisches Gras angeboten; ebenso müssen die Wassertonnen an neue Plätze zwischen den Kühen gerückt werden.

Milchwirtschaft

Die Kühe wurden auf der Weide gemolken. Neben den Milchkannen und dem übrigen Melkgeschirr, wie Eimer und Milchsieb, hat das Melkpersonal auf dem Wagen Platz genommen. Die ermolkene Milch wird in den Sommermonaten unmittelbar vom Feld zur Dorfmeierei gebracht.
An der Meiereirampe müssen die vollen Milchkannen über die Seitenbretter des Milchwagens herübergehoben werden – Beschädigungen der Oberkante der Bretter bleiben nicht aus.

Nach beendeter Melkarbeit geht es zurück zum Hof, der Junge Mann bringt anschließend die Milch zur Meierei, die Hauswirtschaftslehrlinge haben im Ausnahmefall beim Melken geholfen. Bei dem Milchwagen sind die festen Seitenbretter durch lose Bretter ersetzt, die am Hinterende des Wagens durch eine Öse gesteckt und vorn über eine Gabel gelegt werden können. Beim Auf- und Abladen der Kannen kann das Brett herausgenommen werden.

Milchwirtschaft

Um 1950. Die Kühe stehen auf Tüder – die üppige Kleegrasweide gewährt ein reichhaltiges, nährstoffreiches Futter.
Zur Berufskleidung des Melkermeisters gehört neben einer kurzärmeligen, rot-weißgestreiften Bluse und einer Gummischürze auch eine kleine Lederkappe.

Um 1950. Der Milchwagen ist mit Gummirädern ausgerüstet, der Aufbau des Wagens modernisiert, mit abklappbaren Seitenbrettern und einer bequemen Sitzbank ausgerüstet; auch auf eine Handbremse hat man nicht verzichtet.

Milchwirtschaft

Um 1920 auf einem großbäuerlichen Betrieb im Kreis Segeberg.
Zum Melken der etwa 50 Köpfe zählenden Schwarzbunt-Milchviehherde sind neben dem Melkermeister fünf Melkfrauen eingesetzt. Die Kühe werden auf dem offenen Melkplatz in der Nähe des Hofes gehütet. Mit dieser Aufgabe werden auch schon die Kinder betraut.
Der Zuchtbulle weidet zusammen mit den Kühen, nur während der Melkzeit wird er zum Schutz des Melkpersonals angebunden.

Auf einem Gut im Kreis Stormarn um 1925. Die Melkarbeit ist beendet, anschließend bringt der Melkermeister die Milch zur Meierei. Der schwere Milchwagen wird von zwei Pferden gezogen. Auf dem überdachten Kutscherbock und unter dem sogenannten Knieleder ist der Fahrer vor den Unbilden der Witterung geschützt.
Der Gutsbesitzer hat mit seiner Frau und dem kleinen Sohn einen Feldbesuch gemacht. Dabei haben ihn auch seine Hunde begleitet.

Milchwirtschaft

Auf einem Gut im Kreis Plön um 1925. Die Rotbunt-Kühe sind in der Feldecke am Waldrand zusammengetrieben worden, dabei hat auch der Hund des Obermelkers geholfen. Das Melkpersonal kann mit dem Melken beginnen.

Auf einem Gut im Kreis Segeberg um 1930. Der Gutsbesitzer mit seinem Hund und der Oberschweizer mit seinen Gehilfen vor der großen Schwarzbuntherde.

Milchwirtschaft

Das Melkpersonal auf den Gütern Perdoel im Kreis Segeberg und Buckhagen in Angeln vor den Kuhherden.

Milchwirtschaft

Um 1940. Auf einem größeren Betrieb sind die Kühe in einer Koppelecke zum Melken zusammengetrieben. Die im Temperament ruhigeren Schwarzbunten können auch ohne eingefriedigte Melkstelle gemolken werden.

Das Melkpersonal nach beendeter Arbeit auf einem Gut in Ostholstein.

Milchwirtschaft

Um 1925. Auf einem größeren Hof in Schleswig wird Vorzugsmilch erzeugt. Bei der Melkarbeit auf dem Feld werden hohe Anforderungen an die hygienischen Bedingungen gestellt.

Nach dem 2. Weltkrieg wurde die Melkarbeit durch die Melkmaschine in zunehmendem Maße technisiert.

Beim Weidemelken wurden mit Benzinmotoren oder von Schleppern über die Zapfwellen angetriebene Melkmaschinen verschiedener Systeme eingesetzt.

Die Milchkühe wurden beim Melkvorgang in transportablen Melkständen angebunden, z. T. waren dieselben überdacht, um dem Melkpersonal bei ungünstiger Wetterlage Schutz zu gewähren.

Milchwirtschaft

In Dithmarschen um 1950. Der Weideaustrieb beginnt, die fahrbare Melkanlage wird auf die Kuhweide transportiert. Zu jener Zeit waren auch noch die mit Eisen beschlagenen Holzräder in Gebrauch.

Milchwirtschaft

Ein Melkerehepaar beim Melken auf der Weide um 1955 auf einem Hof im Kreis Segeberg. Die Rotbunten Kühe sind am Melkstand angebunden, beim Maschinenmelken hat der Melker noch genügend Zeit, ein paar Züge aus seiner Zigarette zu genießen.

Auf einem Hof in Mittelholstein um 1955 melkt die Bäuerin die Kühe allein. Nach dem maschinellen Melkvorgang wird noch mit der Hand nachgemolken.

Milchwirtschaft

Um 1950. Die Angler Herde wird auf der Weide gemolken. In dem überdachten Melkstand können vier Tiere gleichzeitig gemolken werden.

Um 1960 in Angeln. Ein größerer überdachter Melkstand bietet Anbindemöglichkeiten für alle Kühe des Betriebes. Während des Melkens erhalten die Kühe eine kleine Kraftfutterration.

Milchwirtschaft

Um 1960. Die Rotbunten Kühe sind am offenen Melkstand angebunden, die Melkmaschine wird mit der Zapfwelle des Schleppers angetrieben.

Um 1960 in Mittelholstein. Eine neue Melkmaschine wird eingesetzt. Auf der Plattform des Geräteträgers steht die Maschine, die vom »Alldog« angetrieben wird. Der Landmaschinenmonteur beobachtet während der ersten Phase des Einsatzes den Melkvorgang.

Milchwirtschaft

*Melken auf einem Betrieb in der Nähe von Rendsburg um 1955.
Die Melkmaschine ist auf einem Tragegestell montiert. Mit zwei Personen kann das Gerät von einem für das Melken auf der Weide ausgerüsteten Dreirad-Lieferwagen heruntergenommen und auf Kufen an der Kuhreihe entlanggezogen werden.*

Beim Melken in unmittelbarer Nähe des Hofes wird die Melkmaschine zum Melkplatz getragen.

Milchwirtschaft

Die Kühe sind mit einer Kette an den Einfriedigungspfählen angebunden.

Mit der Melkmaschine können zwei Kühe gleichzeitig gemolken werden.

Milchwirtschaft

Wasserfahren und Kühetränken auf der Weide

In früheren Zeiten hatte das weidende Vieh die Möglichkeit, sein Tränkwasser aus Teichen und Fließgewässern wie Auen und Bächen aufzunehmen. Mergelgruben mit relativ sauberem Wasser waren im ganzen Land vorhanden. In diesen tiefen Teichen befand sich fast immer genügend Grundwasser, nur in ganz trockenen Sommern konnte es vorkommen, daß die Teiche austrockneten. Dann war die Gelegenheit, die Wasserstellen zu reinigen. Ersatzweise mußte dann von anderer Stelle das Wasser herangefahren werden. Anders waren die Verhältnisse in den Betrieben, wo die Milchkühe getüdert wurden. In diesen Fällen mußte den Tieren zweimal am Tag Tränkwasser angeboten werden. Dazu wurden Wasserwagen eingesetzt. Längliche Wassertonnen, ursprünglich aus Holz und später aus Zink, waren auf Untergestelle von Kastenwagen montiert und wurden mit einem oder zwei Pferden aufs Feld gefahren, je nach Größe der Wasserfässer.

Zweimal am Tag muß den auf Tüder stehenden Kühen Tränkwasser angeboten werden. Gutes Teichwasser wird mit einer Pumpe aus dem Teich in die 1000 l fassende Tonne gepumpt. Vor dem Wasserwagen sind zwei Schleswiger angespannt.

Milchwirtschaft

Kleinere Wassertonnen können auch von einem Pferd gezogen werden. Ein junges Mädchen fährt den Wasserwagen aufs Feld.

Der Melker fährt den Wasserwagen aufs Feld, ein Schleswiger ist vorgespannt.

Milchwirtschaft

Der Melker fährt mit dem Wasserwagen an der Kuhreihe entlang und läßt jede Kuh einzeln aus einer kleineren Holztonne trinken, die unter dem Absperrhahn des Wasserfasses hängt. Bei Bedarf öffnet der Melker den Wasserhahn und läßt weiteres Wasser in die Tonne fließen.

Milchwirtschaft

Um 1940. Auf einem größeren Betrieb in Angeln wird ein kastenförmiges, hölzernes Tränkbecken benutzt, das auf eine Schleppe montiert und an den Wasserwagen gehängt wird. Ein polnischer Kriegsgefangener ist für das Kühetränken eingesetzt.

Milchwirtschaft

Auf einem Gutsbetrieb in Holstein sind zwei Ochsen vor den Wasserwagen gespannt, das hölzerne Faß hat ein Fassungsvermögen von 1500 l. Mit Hilfe eines Schlauches werden die kleinen Holztonnen, die jeweils zwischen zwei Kühen stehen, gefüllt.

Um 1935. Auf einer Kate mit 5 ha Land werden fünf Kühe gehalten, die im Sommer getüdert werden. Das Tränkwasser wird in einem Holzfaß von 250 Liter Inhalt auf die Weide gefahren; vor den einachsigen Wasserwagen hat der Kätner eine seiner Milchkühe gespannt.

Melken im Stall

In manchen Betrieben, besonders auf kleineren Höfen, werden die Kühe auch während der Weidezeit im Stall gemolken. Am späten Nachmittag werden die Tiere zur Melkzeit von der Weide geholt und bleiben bis nach dem Melken am nächsten Morgen im Stall. Während der Aufstallung wird den Kühen gemähtes Grünfutter und Rauhfutter in Form von Futterstroh angeboten. Liegen die Weideflächen in unmittelbarer Nähe des Hofes, läßt man in manchen Betrieben die Tiere nach dem Melken wieder auf die Weide. In diesen Fällen wird ein zweimaliges Einbinden in Kauf genommen.

In einem Dorf auf der Insel Föhr holen die beiden Schulmädchen die vier Kühe eines kleineren Inselhofes von der Weide in den Stall. Dabei sind die ruhigen Shorthornkühe aneinandergekoppelt.

Milchwirtschaft

Auf Feldwegen ohne Verkehr läßt sich die Schwarzbuntherde von der Weide auf den Hof treiben. In ruhigen Schritten gehen die Kühe in Richtung Stall und nutzen dabei jede Gelegenheit, am Wegrand ein paar Bissen von Gräsern und Käutern aufzunehmen.

Zwei Melkerinnen haben die Kühe zum Melken von der Weide geholt. Das Treiben von temperamentvollen Angler Rindern auf verkehrsreichen Straßen ist nicht unproblematisch. Im Stall finden die Kühe meist ihren gewohnten Stand und lassen sich dann auch ohne Schwierigkeiten anbinden, besonders dann, wenn sie in der Krippe ein schmackhaftes Futter vorfinden.

Milchwirtschaft

Vor dem Melken werden Kannen, Milcheimer und Milchsieb vom Kannenbord in die Kuhstalltenne gebracht, wo die ermolkene Milch aus den Eimern in die Kannen abgegossen wird.

Die Melkerin trägt vier leere Kannen gleichzeitig in den Vorraum des Kuhstalles.

Milchwirtschaft

Vier Melker auf einem Großbetrieb beim Melken im Stall. Die Kühe sind in einer Queraufstallung untergebracht und stehen jeweils zu zwei Reihen an einem Futtergang und ebenso am Dunggang. Die Futtergänge haben einen Zugang zur langen Futtertenne, auf der die Futterwagen den Stall der Länge nach durchfahren können. Jeder Dunggang des Stalles ist durch eine Tür zur Dungstätte aufgeschlossen.

Stallmelken in einem anerkannten Vorzugsmilchbetrieb um 1930. Das Melkpersonal trägt bei der Arbeit weiße Kittel und eine weiße Kopfbedeckung.

Milchwirtschaft

Die Schwarzbunten Kühe sind nach dem Entmisten des Stalles frisch eingestreut. Während die Tiere das Grundfutter, bestehend aus Rüben und Silage, aufnehmen, wird mit dem Melken begonnen. In früherer Zeit war es üblich, nach dem Maschinenmelken mit der Hand nachzumelken.

Milchwirtschaft

Nach dem Melken werden die gefüllten Kannen zum Milchwagen getragen und anschließend zur Meierei gebracht.

Milchwirtschaft

Genossenschaftlicher Milchtransport

In manchen Ortschaften war die Milchanfuhr zur Meierei genossenschaftlich geregelt. Die Milch von mehreren Betrieben wurde dabei mit größeren Milchwagen transportiert. Dabei wurde das Fahren des Milchwagens entweder im Wechsel innerhalb der angeschlossenen Betriebe durchgeführt oder einer der Betriebsleiter übernahm gegen Vergütung das Fahren allein.

In Angeln um 1930. In einem Ortsteil einer Gemeinde hat ein Landwirt eines kleineren Betriebes das Milchfahren übernommen. In einem offenen Wagenschuppen ist der Genossenschaftsmilchwagen untergebracht, mit dem die eingesammelte Milch zur Meierei transportiert wird, das Fahren besorgt der Altenteiler. Alle Milchkannen sind mit einer Nummer des entsprechenden Lieferanten gekennzeichnet. Vor den kleineren Betrieben und Katen stehen an den Straßen aus Holz gezimmerte »Milchböcke«, auf die die Milchlieferanten die gefüllten Kannen stellen. Der Milchfahrer fährt hier mit seinem Fahrzeug heran und kann so die Kannen ohne Anstrengung auf den Milchwagen überladen.

Milchwirtschaft

Eine Kate in Angeln. Vor dem Grundstück der sogenannte »Milchbock«.

Um 1935 auf der Insel Pellworm. Auf einem genossenschaftlich eingesetzten Milchwagen werden die Milchkannen in mehreren Etagen untergebracht. Bei den Straßenverhältnissen auf der Insel können zwei mittelschwere Pferde den mit etwa 20 dz beladenen Wagen ohne Schwierigkeiten ziehen.

Milchwirtschaft

Um 1930. Zwei Schleswiger ziehen den Genossenschaftsmilchwagen eines Dorfes auf der Insel Föhr. Das Fahrzeug ist so ausgerüstet, daß ein Teil der Milchkannen auf den Wagen gestellt und weitere Kannen an Haken unterhalb der Wagenplattform gehängt werden können.

Um 1935 in Ostholstein. Der Fahrer eines genossenschaftlich eingesetzten Milchwagens hat das Einsammeln der Milchkannen auf den einzelnen Höfen beendet und befindet sich mit seinem Zweispänner auf dem Weg zur Meierei. Der Wagen ist so konstruiert, daß sich im Mittelstück der festmontierten Seitenwand ein loses Brett befindet, das beim Be- und Entladen herausgenommen werden kann.

Milchwirtschaft

Um 1940. Der Genossenschaftsmilchwagen ist mit Gummibereifung ausgerüstet. Der Raum unter dem Kutscherbock ist so hergerichtet, daß dort die von der Meierei bezogenen Waren – Butter und Käse – für die einzelnen Lieferanten untergebracht werden können.

Um 1950 auf der Insel Föhr. Der gummibereifte Milchwagen ist auf dem Rückweg von der Meierei zu den Lieferanten. Die Kannen sind zum Teil mit Buttermilch oder mit heißer Magermilch gefüllt, welche im Haushalt oder als Kälber- und Schweinefutter verwendet wird.

Kannenwäsche

Eine für das Melkpersonal täglich wiederkehrende Arbeit war die sogenannte Kannenwäsche. Mit peinlicher Sorgfalt mußte das gesamte Melkgeschirr – Kannen, Eimer und Sieb – gereinigt werden. In einer dreibeinigen Waschbalge wurde mit heißem Wasser gewaschen, als Waschmittel benutzte man in früherer Zeit Soda, später das Reinigungsmittel P 3.

Zum Trocknen wurde das gereinigte Melkgeschirr auf das Kannenbord gestellt.

Der Waschplatz befindet sich im Sommer unter einem schattenspendenden Baum, im Winter an einem geschützten Platz oder in der Waschküche.

Milchwirtschaft

Kannenwäsche in der Nähe der Waschküche.

In Ausnahmefällen wird das Kannenwaschen auf dem Feld ausgeführt.

Hauswirtschaft

Wasser für Haus und Hof

Beim Bau menschlicher Ansiedlungen war in früherer Zeit in erster Linie die Frage der Wasserversorgung zu berücksichtigen. Das Trinkwasser wurde vorwiegend aus Fließgewässern geschöpft, deren Quellen den Wassernachschub zu allen Jahreszeiten gewährleisten mußten. Der Trinkwasserbedarf für die Tiere hingegen konnte durch stehende Süßgewässer mit niedrigeren Qualitätsansprüchen gedeckt werden. In Gebieten, in denen diese Voraussetzungen nicht gegeben waren, wurden künstliche Wasserstellen in Form von Brunnen geschaffen. Die Brunnenschächte wurden mit der Hand ausgegraben, der Durchmesser solcher Brunnen lag zwischen ein und zwei Metern, die Brunnentiefe zwischen fünf und zehn Metern, je nach der Höhe des Grundwasserstandes. Die Schachtwände bestanden in älterer Zeit aus gesetzten Feldsteinen oder Ziegeln. Seit Anfang des 20. Jahrhunderts wurden die Brunnengrabungen mit Hilfe von Brunnenringen durchgeführt. Die in den Schacht hineingesetzten Ringe sanken bei weiteren Grabungen von oben nach.

Das in dem Brunnen stehende Wasser wurde entweder durch Zugvorrichtungen oder mit Hilfe von Pumpen nach oben befördert.

In früheren Zeiten befanden sich solche Brunnen an zentralen Punkten des Dorfes und wurden von der gesamten Nachbarschaft genutzt. Später hatte jeder Haushalt seine eigene Wasserversorgung.

Hauswirtschaft

Im Zentrum eines Dorfes steht der Ziehbrunnen. Die Frauen aus der Nachbarschaft treffen sich beim gemeinsamen Wasserholen. An einer langen Stange wird der Eimer in die Tiefe des Brunnens herabgelassen. Der gefüllte Eimer wird ohne große Anstrengungen heraufgezogen, weil ein Gegengewicht am kurzen Hebelarm der Zugvorrichtung für den Gewichtsausgleich sorgt.

Der Brunnen des Hofes liegt am Feldrand. Die Brunnenöffnung ist durch ein Geflecht aus Buschwerk geschützt.

Hauswirtschaft

Am Ziehbrunnen um 1900 in Dithmarschen. Am Rande des Brunnens steht eine Holztonne, aus der das weidende Vieh getränkt werden kann. Die Brunnenöffnung ist durch ein Lattengerüst gesichert.

Hauswirtschaft

Mit Hilfe einer Trage wird das Trinkwasser in Eimern nach Hause getragen.

Hauswirtschaft

Ein tiefer Brunnen liegt in unmittelbarer Nähe des Hauses. An einer langen Stange wird der Wassereimer befestigt und in den Brunnen herabgelassen.

Hauswirtschaft

Der Ziehbrunnen ist durch ein kastenförmiges Gestell geschützt.

Vor dem Herablassen des Eimers werden die oberflächlichen Abdeckungen nach den Seiten aufgeklappt.

Hauswirtschaft

Aus einem kleinen Hausbrunnen holt ein größeres Schulmädchen Wasser für den Haushalt. Das Mädchen hat den Holzdeckel über dem Brunnen beiseite gelegt und läßt mit einer hölzernen Stange den Wassereimer in die Tiefe des Brunnens herab.

Hauswirtschaft

Nach der Erfindung von Pumpen konnte das Wasser aus der Tiefe des Brunnens bis zu einer Höhe von 6 m heraufgepumpt werden. Solche in Haus und Hof gebräuchlichen Pumpen waren sogenannte Kolbenpumpen. Lag der Brunnen in unmittelbarer Nähe des Hauses, konnte die Pumpe über dem Brunnen montiert werden. Anderenfalls konnten unterirdisch verlegte Saugleitungen das Wasser in die Nähe des Hauses befördern, wo die Pumpe im Hause selbst oder in der Nähe aufgestellt werden konnte.

Täglich mußte die Hausfrau frisches Wasser in die Küche tragen, das in Eimern auf der Wasserbank in der Nähe der Kochstelle bei Bedarf zur Verfügung stand.

Hauswirtschaft

Auf einem kleineren Hof steht in unmittelbarer Nähe des kombinierten Wohn- und Wirtschaftsgebäudes eine Handpumpe über dem Brunnen. Das Pumpengehäuse hat zwei Ausgänge. Beim Öffnen des unteren Absperrhahnes kann das Wasser in den angehängten Eimer gelangen. Beim Schließen des Hahnes steigt das Wasser im Gehäuse bis zur nächsten Öffnung und gelangt über ein Abflußrohr in den Stall, wo ein Wasserbassin für die Viehversorgung aufgefüllt werden kann. In den Wintermonaten ist der untere Teil des Pumpengehäuses durch Stroh und Säcke vor Frost geschützt.

In der Waschküche einer Kate befindet sich ein artesischer Brunnen, unter dem Druck höherer Grundwasserschichten gelangt das Wasser an die Erdoberfläche und wird in einem aufgemauerten Bassin aufgefangen. Für den Haushalt wird das Wasser aus diesem Auffangbecken geholt, das Tränkwasser für das Vieh wird mit Hilfe einer Handpumpe in ein im Kuhstall befindliches Selbsttränkebecken gepumpt.

Hauswirtschaft

Ein großer Hofteich wird durch genügendes Grundwasser gespeist. Das Wasser für das Rindvieh wird mit Hilfe einer Kreiselpumpe aus dem Teich in ein großes Wasserbassin gepumpt, von dem aus ein Selbsttränkebecken mit Wasser gespeist wird. Die Pferde werden zu jeder Futterzeit im Teich getränkt. Die Verschmutzung des Teichwassers durch Wassergeflügel hält sich in Grenzen.

Während der Weidezeit decken die Milchkühe ihren Tränkwasserbedarf aus einem an der Weide gelegenen Dorfteich.

Hauswirtschaft

Pferdetränken auf der Weide. Mit Hilfe eines Ziehbrunnens wird Wasser aus einem breiten Wasserlauf geschöpft.

Hauswirtschaft

Der Trinkwasserbedarf auf den Halligen wurde in früherer Zeit durch das aufgefangene Regenwasser gedeckt. Das von den Dächern der Warfthäuser ablaufende Wasser wurde in Brunnen aufgefangen und ausschließlich in abgekochter Form für den menschlichen Genuß verwendet.

Der mit Ziegelsteinen aufgemauerte Brunnen liegt in unmittelbarer Hausnähe. Die Brunnenkante ist mit Holzbohlen eingefaßt und der Brunnen durch eine Luke verschließbar. Über der Brunnenkante liegt die Stange, mit der die Wassereimer nach oben gezogen werden.

Die Friesin auf der Hallig Langeneß läßt den leeren Eimer in den Brunnen herab.

Hauswirtschaft

Als Tränkwasser für das Vieh wurde das Regenwasser in einem Grabensystem des Halliglandes gesammelt und aus diesen sogenannten Schedels durch ein Rohr einem großen Auffangbecken inmitten der Warft zugeleitet. Dieses Wasserbecken – Feting genannt – lag auf der Höhe der Warft und war somit vor eindringendem Salzwasser geschützt. Bei drohender Überflutung des Halliglandes wurde der Zulauf zum Feting durch einen Holzpfropfen abgedichtet und erst dann wieder geöffnet, wenn das Salzwasser aus dem Grabensystem abgelaufen war.

Mit Hilfe einer Zugvorrichtung wird das Wasser mit Eimern aus dem Feting geholt.

Hauswirtschaft

Über einen Holzsteg kann der Wasserholer an den Rand des Fetings gelangen und mit der Zugvorrichtung das Wasser nach oben ziehen. Den gefüllten Eimer entleert er in eine Holzkiste, die mit einer Zuleitung zum Kuhstall verbunden ist.

Wenn in den Sommermonaten nach langen Trockenperioden das Wasser auf den Halligen knapp wurde, kam es vor, daß in manchen Brunnen oder Fetings kein Wasser mehr vorhanden war. Dann halfen sich die Halligbewohner gegenseitig aus: Das kostbare Gut wurde in Eimern von Warft zu Warft getragen.

Hauswirtschaft

Kochen

In den breiten, schornsteinlosen Fachhallenhäusern, wie sie in vielen Gebieten Schleswig-Holsteins zu finden waren, wurde der durch die Mitte des Hauses führende Raum zur breiten und befahrbaren Diele, die Abseiten boten Platz für das Vieh. Über diesem mit einer Tragdecke versehenen Hauptraum erhob sich das Sparrendach, über den Abseiten lehnte sich eine Dachverlängerung an. Die Breite der Abseiten, auch Kübbungen genannt, waren der Viehlänge angepaßt, über ihnen war eine niedrige Decke eingezogen. Der Raum zwischen Kübbungsdecke und Dachverlängerung wurde als Hille bezeichnet. Dieser Raum diente nicht nur der Unterbringung bescheidener Futtervorräte (Heu, Stroh für das Vieh), sondern auch der Wärmedämmung.

Der am Hausende liegende Teil der Diele und die dazugehörigen Kübbungsabschnitte wurden als Wohnraum genutzt, der durch eine Wand – Hochwand oder Howand – abgetrennt war. An dieser Hochwand stand am Ende der Diele der Schwibbogenherd mit einer oder zwei Feuerstellen, rechts und links von ihm führten Türen in die Wohnräume.

Im Laufe der Hausentwicklung wurden ein- oder beidseitig weitere Kübbungsabschnitte zugeschlagen und für das Vieh gesonderte Ställe geschaffen.

Diese Kübbungsabschnitte, Luchten genannt, brachten nicht nur einen vergrößerten Wirtschaftsraum für die Hausfrau, sondern spendeten auch eine natürliche Beleuchtung für die gesamte Herdwand.

Hauswirtschaft

Auf der offenen Feuerstelle wurden die Speisen in eisernen Töpfen (Grapen) zubereitet. Die Kochgefäße hingen an Ketten oder standen auf Dreiböcken über dem Feuer. Der Rauch wurde durch kleine Öffnungen in der Überwölbung der Herdstelle abgeführt und gelangte an der Decke des Hauses entlanggleitend durch das sogenannte Eulenloch nach außen. Die an der Decke hängenden gepökelten Schinken und Speckseiten und die Würste wurden auf diese Weise geräuchert. Die Zuluft zum Feuer gelangte durch eine Öffnung an der Vorderseite des Herdes zur Glut. Mit Hilfe von Ziegelsteinen konnte diese Öffnung verkleinert und somit der Luftzufluß verringert werden. Nach dem Auskühlen konnte die Herdöffnung durch eine Tür verschlossen werden.

In besonderen Fällen lagen zwei Herde nebeneinander, wenn im Wohnteil des Hauses eine zweite Familie, entweder das Altenteilerehepaar oder eine Landarbeiterfamilie, untergebracht war.

Hauswirtschaft

Die Hausfrau steht am Herd und hat mit einer Handvoll Buschholz das Feuer zum Lodern gebracht. Über dem Feuer hängt an einer Kette ein Grapen, durch Verkürzung der Kette kann der Abstand zum Feuer reguliert werden. In der Nähe des Herdes steht die Holzkiste, mit Brennholz gefüllt. Auf Borden über den Türen zum Wohnteil sind die bescheidenen Kochutensilien untergebracht. Das Küchengeschirr wird in der Waschbalge abgewaschen.

Hauswirtschaft

Der Arbeitsplatz der Hausfrau in den alten Räucherkaten befindet sich in der Nähe des Schwibbogenherdes. In Häusern mit Luchten fällt das Tageslicht auf diesen Platz. Auf der Diele steht der Küchenschrank mit den Tellerborden. An der gegenüberliegenden Wandseite sind Kleiderschrank und Bettentruhe untergebracht.

Hauswirtschaft

Eine Altenteilerin am Schwibbogenherd, über dem Feuer wird Wasser in einem Kessel zum Kochen gebracht.
Viele Frauen trugen in älterer Zeit Klotzen als Fußzeug. Auf Stein- und Lehmdielen blieben die Füße warm, zumal dicke wollene Strümpfe und ein langer, fast bis zum Boden reichender Rock für die Warmhaltung des Körpers sorgten.

Hauswirtschaft

Im Gildehaus in Schönkirchen. Zu den ältesten Fachhallenhäusern Schleswig-Holsteins gehört das Gildehaus in Schönkirchen. Seine Erbauung wird auf die Zeit um 1570 geschätzt.
Das Haus wurde in den 30er Jahren renoviert. In seiner Ursprünglichkeit ist es bis in die neueste Zeit erhalten.

Hauswirtschaft

*Um 1920 in einem alten Bauernhaus in Angeln – die Altenteilerin beim Kochen in ihrer Küche.
Unter dem offenen Schornstein steht der aufgemauerte Herd, darauf der große Kochtopf auf einem Dreibock über dem offenen Feuer.
Das Ofenrohr neben der Kochstelle führt den Rauch aus dem Wohnzimmerofen in den Schornstein.*

Hauswirtschaft

Um die Jahrhundertwende waren die meisten Häuser Schleswig-Holsteins mit Schornsteinen ausgerüstet. In der Küche stand unter dem offenen Kamin ein eiserner kastenförmiger Herd auf einem aus Ziegelsteinen aufgemauerten Sockel. Der Rauch aus dem Herd wurde durch Züge in den Schornstein geleitet, an dessen unterem Teil die Schlachtwaren zum Räuchern aufgehängt waren.
Auf den zwei Feuerstellen des Herdes, die durch Ringe verschiedener Größe abgedeckt werden konnten, standen die Kochtöpfe und Kessel, mit dem unteren Teil zum Feuer abgesenkt.
Neben dem Herd bot sich für die Hausfrau ein warmer Sitzplatz, von dem aus sie das Kochen überwachen und nebenbei andere hauswirtschaftliche Tätigkeiten, wie das Mahlen von gebranntem Roggen zur Kaffeeherstellung, ausführen konnte.

Hauswirtschaft

Um 1910. In alter Zeit lag die aus Ziegeln aufgemauerte Kochstelle in den schmalen nordfriesischen Fachhallenhäusern in einer Nische unter dem offenen Schornstein.

Hauswirtschaft

Auf der Hallig Langeneß um 1920. Im Laufe der Hausentwicklung wurden gußeiserne Herde in das Mauerwerk hineingebaut, und der Rauch durch Züge in den nach unten abgedichteten Schornstein abgeleitet.

Hauswirtschaft

Um 1920 in einem Altenteilerhaus in Angeln. In einer bescheiden eingerichteten Küche mit einem Fußboden aus verlegten Ziegelsteinen wird von der Altenteilerin auf einem Herd mit 3 Kochstellen die Mahlzeit zubereitet. Auf dem Herd liegt der Haken, mit dem die Ringe über den Feuerlöchern abgenommen werden. Gußeiserne, transportable Herde und Öfen wurden seit der Mitte des letzten Jahrhunderts fabrikmäßig hergestellt. Die Ahlmann-Carlshütte in Büdelsdorf bei Rendsburg gehörte zu den berühmtesten Herd- und Ofenfabriken in Deutschland. Ihre Produkte wurden durch Gußprägungen mit verschiedenen Ornamenten geschmückt. Über dem Herd hatte die Hausfrau eine gestickte Bordüre angebracht. »Eigner Herd ist Goldes Wert«, war darauf zu lesen.

Hauswirtschaft

In älteren Häusern waren die Lichtverhältnisse in den Wohn- und Wirtschaftsräumen oft nur dürftig. Deshalb suchten die Menschen jede Möglichkeit, die Zeit im Freien zu verbringen. Auch die Hausfrauen hatten immer eine Sitzgelegenheit vor der Küchentür und verrichteten bei gutem Wetter einige Hausarbeiten außerhalb ihrer Küche, dazu gehörten z. B. das Kartoffelschälen und Gemüseputzen.

Hauswirtschaft

Um 1930 auf einem Hof im Kreis Segeberg. Nach dem 1. Weltkrieg wurden die Küchen in bäuerlichen Betrieben praktischer und vornehmer eingerichtet. Die Herde wurden durch Töpfer aufgesetzt, d. h. die eisernen Herdeinsätze wurden durch Kacheln miteinander verbunden. Auf einer großflächigen Herdplatte war Platz für drei Kochstellen, ein Backofen wurde von der Feuerstelle mitbeheizt. Am äußeren Ende des Herdes war ein Trockenschrank eingebaut, dahinter war ein sogenannter Beikessel im Herd abgesenkt, der der Hausfrau ständig erwärmtes Wasser lieferte.
Solche Herde wurden oft in einer Ecke der Küche aufgesetzt und die Wände gekachelt, eine Herdstange aus Messing war um den Herd herumgeführt. Diese schützte die Köchin vor Berührung mit der heißen Herdwand. Die Diele der Küche war aus Terrazzosteinen gegossen und abgeschliffen, dadurch blank und pflegeleicht. Die Holz-, Torf- und Kohlefeuerung wurde in Holzkisten in der Nähe des Herdes untergebracht.
Beim Schlachten und Einmachen waren zusätzliche Gefäße (Wannen, Kannen usw.) in Gebrauch.

Hauswirtschaft

Um 1930 auf einem größeren Betrieb, die beiden Jungen Mädchen haben sich zum Kartoffelschälen auf die Treppenstufen des Waschkücheneingangs gesetzt.

Das Feuerungsmaterial für Herd und Öfen mußte täglich aus den Holzställen ins Haus geholt werden. Diese Arbeit war Sache der Hausfrau und ihrer Gehilfinnen. In Torfkörben wurde das Buschholz für die Küche und Klobenholz und Torf für die Öfen hereingetragen bzw. mit der Schiebkarre zum Haus gefahren.

Backen

Seit Beginn des Mittelalters ist das Brot im heutigen Sinn das Hauptnahrungsmittel der Völker in Europa. Das aus Weizen- oder Roggenmehl hergestellte Brot hat in den verschiedenen Ländern eine unterschiedliche Verbreitung erfahren – in Norddeutschland steht der Konsum an Roggenbrot an erster Stelle, während z. B. in südeuropäischen Ländern fast ausschließlich Weizenbrot verzehrt wird.

Das Backen des Brotes beruht auf biochemischen und physikalischen Vorgängen: Mit Hilfe von Hefe oder Sauerteig – das ist ein vom letzten Backen aufbewahrter, in Gärung befindlicher Teig – wird aus dem Mehl unter Zusatz von Wasser bei höheren Temperaturen ein für den menschlichen Verzehr bekömmliches Nahrungsgut.

Das Brotbacken im landwirtschaftlichen Betrieb gehörte seit Jahrhunderten zu den in bestimmten Zeitabständen sich regelmäßig wiederholenden Arbeitsvorgängen. Zum Backen wurden Backöfen verwendet, die nach historischen Bauprinzipien errichtet wurden. In älterer Zeit wurden diese Öfen im Freien aufgestellt, aus Feldsteinen und später aus Ziegeln in kuppelförmiger Bauweise gemauert und mit Soden abgedeckt.

Solche Backöfen standen wegen der Brandgefahr in einer größeren Entfernung von den Gebäuden, die in früheren Zeiten durchweg eine weiche Bedachung besaßen. In späterer Zeit wurden auch separate Backhäuser erbaut.

Hauswirtschaft

Backöfen haben äußerlich ein recht unterschiedliches Aussehen. Im Kreis Herzogtum Lauenburg standen in den 30er Jahren in Hornbek ...

... und in Neuhorst diese beiden Öfen.
Beim Backofen in Hornbek ist das Ofenloch durch eine kleine Überdachung vor Regen geschützt, der Backofen in Neuhorst liegt unter einem großflächigen, mit Pfannen gedeckten Giebeldach. Die gesamte Anlage ähnelt nahezu einem Backhaus.

Hauswirtschaft

In Windeby im Kreis Eckernförde ist ein aus Ziegeln aufgesetzter Backofen durch ein Giebeldach vor Witterungseinflüssen geschützt. Der Ofen steht in der Nähe des Hofgrundstücks unmittelbar an einem Waldrand. Einkerbungen auf dem schon betagten Baum vor dem Backofen erzählen aus der Vergangenheit des Bauwerks.

Hinteransicht des Windebyer Backofens.

Hauswirtschaft

Um 1920 in Sörupmühle, Kreis Flensburg.
Der Besitzer eines größeren Hofes hat ein Backhaus erbaut. Das Küchenpersonal bei den Vorbereitungen für den Backtag.

Hauswirtschaft

In den späten Nachmittagsstunden vor dem Backtag wird der Brotteig vorbereitet. In dem hölzernen Backtrog wird der Teig aus Mehl, einer Portion Sauerteig und Wasser, dazu nach unterschiedlichen Rezepten noch Zutaten wie Buttermilch und Salz, angerührt und mit den Händen sorgfältig durchgeknetet. Nach diesem Arbeitsvorgang wird der Teig mit einem Laken und einer wärmehaltenden Decke zugedeckt und bleibt über Nacht bei einer Temperatur von etwa 25–30° zum Säuern stehen – der Teig muß »gehen«.

In den frühen Morgenstunden des Backtages wird der Teig noch einmal durchgeknetet. Nach Augenmaß wird ein bestimmtes Quantum Teig zu einem Brot geformt, indem die Bäckerin wiederholt die Teigmenge gegen die Vorderwand des Backtroges schlägt – das Brot wird »aufgeschlagen«.

Hauswirtschaft

Danach werden die Brote mit Wasser bestrichen und erhalten auf der Oberseite zwei bis drei Messerkerbungen, damit der Teig nach der Hitzeeinwirkung nicht reißt.

Mit einer Trage oder einer Schiebkarre werden die Brote zum Backofen transportiert.

Hauswirtschaft

Der Backofen war mit einer bestimmten Holzmenge angelegt, die auf einer Reisig- und Strohunterlage angezündet wurde. Bei mäßiger Luftzufuhr, die durch das Ofenschott geregelt wird, brennt das Holzscheit ab. Nach etwa zwei Stunden beginnen die Ziegelsteine des Backofens, sich heller zu färben – das ist ein Zeichen, daß der Backofen die nötige Hitze erhalten hat. Dann wird der Rest des glühenden Brennmaterials aus dem Ofen gekratzt und mit Wasser abgelöscht. Die verbliebene Holzkohle wird im Haushalt zum Plätten im Kohle-Bügeleisen verwendet.
Anschließend wird der Ofen mit einem nassen Feudel ausgewischt – erst dann kann das Brot zum Backen in den Ofen geschoben werden.

Hauswirtschaft

Brot für Brot wird mit dem Schieber in den Ofen geschoben und in geordneter Weise auf der Ofenfläche verteilt.

Das letzte Brot ist hineingeschoben worden. Nunmehr wird das Ofenloch durch einen Holzdeckel verschlossen, damit die Hitze gleichmäßig an die Brote gelangen kann.

Hauswirtschaft

Der Backofen steht unter einer mit Efeu bewachsenen Eiche.
In den frühen Morgenstunden eines Sommertages – es liegt noch Frühnebel über dem Land – ist der Backofen mit Broten gefüllt, eine Holzluke vor dem Ofenloch verhindert das Ausdringen der Wärme.

Hauswirtschaft

Nach einem etwa zweistündigen Backvorgang haben die Brote eine dunkelbraune Färbung angenommen – der Backvorgang ist beendet.
Mit dem Schieber werden die Brote vorsichtig aus dem Ofen geholt.

Hauswirtschaft

Zum Abkühlen werden die Brote auf Bretter gelegt, die danach zum Aufbewahrungsort getragen werden. Dort werden die Brote auf Holzregale gelegt.

Hauswirtschaft

Die Nachwärme des Backofens wird für das Weißbrotbacken ausgenutzt. Hier genügt eine etwas niedrigere Temperatur und eine verkürzte Backzeit für den Backvorgang.

Mit den Weißbroten wird ein Plattenkuchen in den Ofen geschoben, der am Nachmittag des Backtages zur Kaffeemahlzeit gereicht wird.

Hauswirtschaft

Schlachten

In nahezu allen ländlichen Haushaltungen wurden in früherer Zeit zur Deckung des Fleisch- und Fettbedarfs ein oder mehrere Tiere, meistens Schweine, seltener Rinder und Schafe, geschlachtet.

Bei den sogenannten Hausschlachtungen, die ausschließlich in der kalten Jahreszeit erfolgten, war der »Hausschlachter« für einen bestimmten Schlachttag bestellt und der Fleischbeschauer benachrichtigt.

Die Schlachttiere waren am Tag vor dem Schlachten nicht gefüttert worden – es wurde »nüchtern« geschlachtet.

Ein Schwein für die Hausschlachtung hatte ein Gewicht von 730 Pfund erreicht. Ein so hohes Schlachtgewicht erzielte man in früheren Zeiten oft mit jungen Sauen, die nach ein bis zwei Würfen aus der Zucht ausgeschieden waren. Aber auch Börge konnten ein ansehnliches Gewicht erreichen, wie hier 1936 auf einem Hof auf der Geest bei Flensburg. Über die Rentabilität einer solchen Mast machte man sich in jenen Jahren keine Gedanken.

Hauswirtschaft

Das Angler Sattelschwein im Gewicht von etwa 3 1/2 Ztr. wird durch einen Bolzenschlag getötet. Durch einen Kehlschnitt läßt man das Tier ausbluten. Unter ständigem Rühren wird das abfließende Blut aufgefangen.

Hauswirtschaft

Nach dem Abbluten wird das Schwein gebrüht, und anschließend werden die Borsten mit Borstenkratzer und Messer abgeschabt. Dabei liegt das Schwein über einem Brühtrog auf einem Brett oder einer kurzen Leiter und wird in Abständen mit heißem Wasser übergossen.

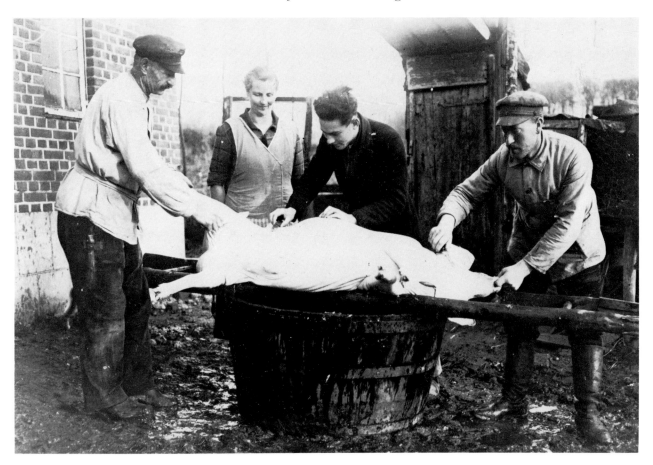

Hauswirtschaft

Nach dem Entborsten wird das Schwein entweder an einer Leiter aufgehängt oder mit einem Flaschenzug vom Boden angehoben. Dazu wird zwischen Achillessehne und Knochen ein sogenanntes Krummholz hindurchgeschoben und dieses an Leiter oder Flaschenzug befestigt.
Mit einem Medianschnitt wird die Bauchdecke geöffnet und die Eingeweide herausgenommen, anschließend werden Wirbelsäule und Kopf mit einem Schlachterbeil gespalten.
Bis zum Abend bleibt das Schwein zum Auskühlen an der frischen Luft hängen und wird nachfolgend in Teilstücke zerlegt, die im weiteren Verlauf der Verarbeitung entweder eingepökelt, eingekocht oder zu Dauerware verarbeitet werden.

Hauswirtschaft

Das Schwein hängt an der Leiter, die Eingeweide sind herausgenommen, und der Schlachtkörper ist in zwei Hälften zerteilt worden.
Auf dem Steinpflaster hat sich vom Schlachten etwas Blut angesammelt, für die freilaufenden Hühner fällt dabei ein nahrhafter Bissen ab.

Hauswirtschaft

Gänseschlachten um die Weihnachtszeit – hierbei helfen auch die männlichen Arbeitskräfte des Hofes. Die Federn und Daunen werden getrennt voneinander trocken gerupft und in Leinenbeuteln aufgehoben.

Waschen

Mehrmals im Jahr wurde das tägliche Einerlei der Hausfrau auf dem Lande durch außergewöhnliche Arbeiten und Ereignisse beeinflußt. Zu diesen besonderen Arbeitsvorgängen gehörte auch der sogenannte Waschtag, der in Abständen von mehreren Wochen zu den schwersten Arbeitstagen gehörte. In kleineren Haushaltungen wurde diese Tätigkeit unmittelbar im Küchenbereich vorgenommen, in größeren Hauswirtschaften gab es Waschküchen, die oft mit einem Backhaus verbunden waren. Dem eigentlichen Waschen ging das Einweichen der Wäsche voraus. Auf dem Herd oder in aufgemauerten heizbaren Kesseln im Waschhaus wurde die Leib-, Bett- und Tischwäsche gekocht, wobei dem Waschwasser eine bestimmte Menge von Waschmitteln zugesetzt wurde. Die weitere Bearbeitung wurde in einer dreibeinigen Waschbalge vorgenommen. Durch Reiben mit den Händen oder auf dem Rüffelbrett sollten die Schmutzteile endgültig gelöst werden. In späterer Zeit wurden diese Arbeiten mit Hilfe von Waschmaschinen erleichtert. Der nächste Arbeitsgang bestand aus dem Spülen in klarem Wasser.

Nach dreimaligem Durchspülen in großen Holztonnen oder Zinkwannen wurde die Wäsche ausgewrungen, große Stücke wurden von zwei Personen so zusammengedreht, daß das Wasser aus den Textilien herausgepreßt wurde. Danach wurden alle Teile ausgeschlagen, um die Wringfalten zu entfernen. Mit einer aus Holzstäben bestehenden Trage wurde die Wäsche zum Trockenplatz gebracht und an Draht- oder Bandleinen zum Trocknen aufgehängt. Die einzelnen Wäschestükke wurden mit geschnitzten Wäscheklammern an den Leinen befestigt.

Nach dem Trocknen wurde die Wäsche mit dem Bügeleisen oder der Wäscherolle geglättet.

Hauswirtschaft

In einem Waschhaus, oft auch Waschküche genannt, steht ein aufgemauerter Waschkessel. Unter dem Kessel befindet sich das Feuerloch, das mit einer eisernen Tür verschließbar ist, der Rauch kann durch den angrenzenden Schornstein abziehen.
Am frühen Morgen des Waschtages wird das Feuer unter dem Kessel entzündet. Die zuvor eingeweichte Wäsche wird im Kessel zum Kochen gebracht.
In unmittelbarer Nähe des Kessels sind für die Waschfrauen drei Waschbalgen aufgestellt, in denen die einzelnen Wäschestücke nach dem Kochen mit den Händen durchgerieben oder auf dem Rüffelbrett bearbeitet werden.

Hauswirtschaft

Um 1930. Bei gutem Wetter haben die Waschfrauen ihre Waschbalgen im Freien aufgestellt. Eine der Frauen hat das Rüffelbrett beiseite gestellt und wäscht mit der Hand. Die zweite Waschfrau benutzt ein Rüffelbrett in einer Zinkwanne, die auf einem Dreibock steht.

Auf einem größeren Hof um 1930. Die Hausfrau, die Altenteilerin und zwei junge Mädchen bei der Großen Wäsche.

Hauswirtschaft

Die Wäscherin am Rüffelbrett; nach dem Waschen legt sie die Wäschestücke zum Spülen in eine Zinkwanne.

Hauswirtschaft

Um 1935. Die Hausfrau mit ihren Gehilfinnen bei der Großen Wäsche. Während zwei der Frauen die Wäsche in den Balgen auf dem Rüffelbrett waschen, sind die beiden Jungen Mädchen mit dem Spülen in der großen Zinkwanne beschäftigt. Die gespülten Wäschestücke werden in einen mit einem Leinentuch ausgelegten Wäschekorb gelegt und anschließend zum Trockenplatz getragen.

Um 1920, die ersten Waschmaschinen der Firma »Miele« sind in Betrieb. In einem Holzbottich wird die Wäsche durch ein vierflügeliges, breitarmiges Holzkreuz in einer heißen Seifenlauge hin- und herbewegt. Bei den ersten Maschinen erfolgte der Antrieb mit Hilfe eines Handhebels.

Hauswirtschaft

Große Wäsche auf einem Gutsbetrieb um 1935.
Beim Spülen werden noch einmal die einzelnen Wäschestücke auf Sauberkeit überprüft, einzelne Flecken werden nachträglich entfernt. Zum Spülen der Wäsche wird viel Wasser benötigt. Deshalb haben die Frauen bei gutem Wetter ihre Spülwannen unmittelbar an der Wasserpumpe aufgestellt. Die Holzpumpe ist außer Betrieb, eine neue gußeiserne Pumpe daneben aufgebaut.

Zwei junge Mädchen beim Spülen, eine Kollegin muß in Eimern das Wasser herantragen. Nach dem Auswringen werden die gespülten Wäschestücke auf die Wäschebahre gelegt.

Hauswirtschaft

Um 1935. Auf einem anderen Betrieb werden die Wäschestücke nach dem Spülen durch eine Wringmaschine gedreht, die an der Waschbalge montiert ist. Die vier Frauen teilen sich die Arbeit: Eine von ihnen trägt im Zinkeimer die ausgespülten Wäschestücke heran, eine zweite legt die Teile zwischen die Gummirollen der Wringmaschine, die dritte dreht die Kurbel und die vierte nimmt die ausgewrungenen Wäschestücke ab.

Später entwickelte Waschmaschinen wurden von einem Elektromotor angetrieben. Nach dem Waschgang wurde die Lauge aus den Wäschestücken mit Hilfe der angebauten Wringmaschine ausgewrungen und im Waschbottich wieder aufgefangen.

Hauswirtschaft

Um 1920. Waschtag in einem Friesenhaus. In kleinen Haushaltungen wird die Wäsche auf dem Herd gekocht.
Auf einen Stuhl vor dem Hauseingang legt die Hausfrau die gespülte Wäsche. Anschließend wird sie zum Trocknen aufgehängt.

Um 1930. Eine Altenteilerin bewältigt allein ihren Waschtag.

Hauswirtschaft

In früheren Zeiten wurde die Wäsche mancherorts auch im Hofteich gespült; dafür war eine besondere Plattform oder ein Steg in den Teich hinaus gebaut.

Mit Handkörben hat die Waschfrau die Wäsche zum Teich getragen; beim Spülen liegt sie auf den Knien und zieht die Wäschestücke durch das Teichwasser, in dem auch das Wassergeflügel sein Bad nimmt oder nach Nahrung gründelt.

Hauswirtschaft

Um 1930. Zwei junge Mädchen bei der Feinwäsche. In einzelnen Fällen wurden besondere Wäschestücke gesondert gewaschen – das galt für lose Kragen und Manschetten von besten Herrenhemden sowie für gestickte, gehäkelte und gestrickte Decken.

Hauswirtschaft

Die Hausfrau und ihre Gehilfinnen haben die gespülte Wäsche zum Trockenplatz getragen. Hier werden die einzelnen Wäschestücke sorgfältig über die Wäscheleinen gehängt und angeklammert.

An einem Sommertag 1934. Die meiste Arbeit am Waschtag ist erledigt. Die Wäsche hängt zum Trocknen an der Leine. Nach einigen weiteren Stunden wird die trockene Wäsche heruntergenommen, zusammengelegt und in den nächsten Tagen gebügelt.

Hauswirtschaft

In früheren Zeiten wurde die handgewebte Leinenwäsche in der scharfen Märzsonne zum Bleichen auf einer Rasenfläche ausgelegt. Dabei wurden die Wäschestücke ständig feucht gehalten, um den Bleicheffekt zu erhöhen.

Nach beendetem Waschtag befinden sich die Geräte – Waschmaschine, Waschbalge, Rüffelbrett, Wäscherolle und die an der Wand hängenden Bügelbretter – gesäubert in der Waschküche.

Hauswirtschaft

Handarbeiten

Wolle, Flachs und Hanf sind die Rohstoffe, aus denen die Menschen schon auf einfacher Kulturstufe die Kleiderstoffe herstellten, Spinnen und Weben waren die Tätigkeiten, die die Frauen schon in germanischer Zeit ausübten. Die Frau am Spinnrad symbolisiert nicht ohne Grund eine der Haupttätigkeiten hausfraulichen Wirkens. So nimmt es auch nicht Wunder, daß Bilder aus dem Mittelalter die Frauen in den gemeinschaftlichen Spinnstuben zeigen.

Bis zum Anfang des 20. Jahrhunderts gehörte ein Spinnrad zur Aussteuer einer Frau, die mit diesem Gerät ihr Leben lang verbunden blieb. Spinnen ist eine Tätigkeit, bei der die Menschen zu einer inneren Ruhe finden. In Gemeinschaft können junge Menschen bei einer solchen Arbeit miteinander reden und vergnügt sein, wie es die Bilder darstellen, und im hohen Alter noch, wenn die körperlichen und geistigen Kräfte nachlassen, können die älteren Menschen eine Befriedigung darin finden, daß sie beim Spinnen noch einer Beschäftigung nachgehen können und nicht überflüssig sind.

So hat das Leben oft ein Ende gefunden, wenn am Lebensabend die Spule aus der Hand gelegt wurde.

Um 1880 – ältere Frauen aus der Nachbarschaft haben sich zum Handarbeiten zusammengefunden. Mit dem Spinnrad wird Wolle gesponnen, die Nachbarinnen stricken oder häkeln. Die Petroleumlampe auf dem Tisch spendet ein bescheidenes Licht.

Hauswirtschaft

An kalten Wintertagen sitzt die Nordfriesin in der Nähe des »Bileggers« am Spinnrad ...

... und wenn es zum Frühjahr geht, ist ihr Arbeitsplatz am Fenster, durch das die wärmenden Sonnenstrahlen in den Raum fallen. Die Atmosphäre im Friesenhaus ist durch Einfachheit gekennzeichnet: Die Wände sind gekalkt, die Fenster ohne Gardinen, die Dielenbretter mit weißem Sand bestreut.

Hauswirtschaft

Im Sommer zieht es die Menschen nach draußen. Die Altenteilerinnen haben ihre Spinnräder vor der Haustür aufgestellt.

Hauswirtschaft

Beim Flachsspinnen werden die Flachsfasern zu einem Wocken zusammengewickelt und auf das Spinnrad gesetzt. Dann muß mit viel Geschick die Faser aus dem Wocken gezogen und der Spule zugeführt werden.

Die Tochter hat das Spinnen von der Mutter gelernt.

Hauswirtschaft

Nach dem Spinnen wird der Flachsfaden mit der Haspel aufgewickelt und mit dem Spulrad auf Spulen überwickelt. Die vollen Spulen werden am Webrahmen montiert und beim Webvorgang abgespult.

Hauswirtschaft

In manchen Häusern gab es kleine Webstühle, die von den Frauen betätigt wurden. Einfache Leinenstoffe konnte man mit diesen Geräten anfertigen.

In einem Gemeinschaftsraum eines Dorfes treffen sich die Frauen zum gemeinsamen Spinnen und Weben. Damit hat man in der NS-Zeit an althergebrachte Sitten und Gebräuche angeknüpft. So war es auch ein Trend in jener Zeit, auf eigene Rohstoffe zurückzugreifen und die Autarkiebestrebungen des Staates zu unterstützen. Auch die Mode war auf die Selbsterzeugnisse ausgerichtet.

Hauswirtschaft

Viele Kleidungsstücke des täglichen Lebens wurden in früherer Zeit selbst hergestellt. Dazu gehörten in erster Linie einfache Stricksachen wie Strümpfe, Schals und Pullover. Auch im hohen Alter legt die Nordfriesin die Hände nicht in den Schoß. Das Augenlicht hat nachgelassen, doch das Stricken kann man auch nur mit dem Gefühl der Hände ausführen.

Die Mädchen lernen schon früh den Umgang mit den Stricknadeln, oft lernen sie diese Handarbeit von der Großmutter.

Hauswirtschaft

Wenn in den Sommermonaten im Garten keine Arbeiten zu verrichten sind, wird auch mal eine Handarbeit draußen an frischer Luft ausgeführt. Die Hausfrau betätigt die Handnähmaschine, ein Junges Mädchen stickt eine Decke und ihre Kollegin bügelt.

Im Ersten Weltkrieg versammelten sich die Frauen und Jungen Mädchen aus einem Dorf – sie fertigten Pantoffeln an, die als »Liebesgaben« an Soldaten im Felde geschickt wurden.

Hauswirtschaft

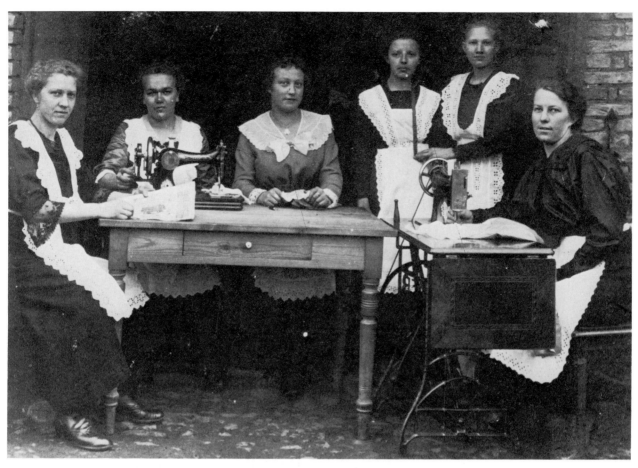

Frauen und Junge Mädchen ließen sich gern bei der Handarbeit fotographieren.

Eine beliebte und besonders wertvolle Handarbeit war die sogenannte Lochstickerei.

Hauswirtschaft

Zur Aussteuer einer jungen Frau, die einen landwirtschaftlichen Haushalt zu führen hatte, gehörte in früherer Zeit eine gefüllte Bettentruhe und ein mit Leinenzeug ausgestatteter Wäscheschrank.

In den Jugend- und Ausbildungsjahren hatte das junge Mädchen von einst ihre freie Zeit mit Handarbeit verbracht. Vom Spinnen bis zum Weben waren die Wäschestücke z. T. selbst angefertigt und mit einem Monogramm versehen.

In ihrer Ehe hatte der Wäscheschatz oft im Hausflur in vererbten kostbaren Schränken und Truhen einen Ehrenplatz.

Hausputz

Das große Frühjahrssaubermachen ist eine gründliche Reinigung aller Räume des Hauses und des entsprechenden Mobiliars. Von alter Zeit her haben sich die Hausfrauen terminlich auf diese Arbeit eingestellt und als Zeitpunkt für die Beendigung des Frühjahrsputzes das Pfingstfest eingeplant. Das gründliche Saubermachen beginnt im zeitigen Frühjahr in den Wirtschaftsräumen, wie Küche, Keller und Vorratsräumen. Das bewegliche Mobiliar wird möglichst an die Luft gebracht und dort gesäubert. Nach gründlicher Reinigung der Räume werden die Wände mit einem frischen Anstrich versehen, gemalt oder gekalkt.

Das Küchengeschirr wird gründlich abgeschrubbt.

Hauswirtschaft

Aus den Wohnräumen werden die Polstermöbel und die Teppiche nach draußen gebracht und durch Klopfen von Staub befreit. In den 30er Jahren wurden die ersten Staubsauger eingesetzt, mit denen man eine schonendere Behandlung der Polstermöbel erreichen konnte.

Hauswirtschaft

Als letzte Räume im Haus werden die Schlafzimmer einer Reinigung unterzogen. Bei schon höheren Temperaturen wird das Bettzeug gelüftet und durch Klopfen von Staub befreit.

An Wochenenden werden auch die Schuhe gründlich geputzt. Dazu sind die vier jungen Frauen mit ihren Putzutensilien an die frische Luft gegangen.

Hauswirtschaft

Sonstige Hausarbeiten

Nach dem abendlichen Melken wird die Haushaltsmilch aus der eben gefüllten Milchkanne abgenommen. Bis zum nächsten Morgen bleibt die Milch im Keller in dem Gefäß stehen. Dann hat sich oberflächlich eine Sahneschicht abgesetzt, die abgerahmt und als Kaffeesahne verwendet wird. Auch die Katzen bekommen ihre Milchmahlzeit - eine alte Emailleschale dient als Katzentrog.

Hauswirtschaft

Ein- oder zweimal in der Woche wurden die nicht im eigenen Betrieb erzeugten Nahrungsmittel und sonstigen Gegenstände des täglichen Lebens beim örtlichen Kaufmann eingekauft. Die bescheidene Auswahl der angebotenen Waren reichte von den in Bonbonnieren aufbewahrten Süßigkeiten bis zu Holzschuhen und Klotzen. Die meisten Nahrungsmittel wurden lose angeboten und in Papiertüten abgewogen. Auch bei einem kleinen Umsatz konnte der Dorfkaufmann ein bescheidenes Einkommen erwirtschaften.

In Körben trägt die Hausfrau die gekauften Waren nach Hause.

Hauswirtschaft

Das Leben in den Dörfern war von früher her gekennzeichnet durch ein gutes nachbarliches Einvernehmen. Freud und Leid teilte man miteinander, Familienfeste wurden zu Dorffesten. Wenn ein junges Paar verheiratet wurde, waren die Nachbarn zur Stelle, um die Hochzeitsfeier auszurichten. Bei der Geburt eines Kindes kamen die Frauen aus der Nachbarschaft zur Hilfeleistung. Beim sogenannten Basselhus wurde der neue Erdenbürger in Augenschein genommen. Bei Krankheiten half man sich gegenseitig aus, und wenn die letzte Stunde geschlagen hatte, wurde der Verstorbene von den Nachbarn zu Grabe getragen. Nachbarschaftshilfe auf dem Lande ist auch noch die letzte Bastion des menschlichen Miteinanders geblieben.

Vor großen festlichen Anlässen, wie Hochzeiten, versammeln sich die Frauen aus der Nachbarschaft, um gemeinsam eine Girlande zu binden. Ein langes Tau wird mit Blumen, frischem Grün und buntem Papier bewunden. Am Abend vor dem Festtag werden unter Beteiligung aller Nachbarn Haustür oder Hoftor mit der Girlande umkränzt.

Bei einer Goldenen Hochzeit, die im Hause gefeiert wird, haben die Nachbarinnen die Ausrichtung des Festes übernommen. Selbstgebackene Torten werden serviert.

Gartenarbeit

»Der Garten soll für die Menschen eine Stätte der Erholung und für die Familie eine Quelle der Freude sein« – so hat es eine Buchautorin 1940 in ihrem dreibändigen Werk »Der Landhaushalt«, ein Lehrbuch für ländlich-hauswirtschaftliche Schulen, zitiert.

Mit dem Begriff Garten ist zweckmäßigerweise eine Dreiteilung vorzunehmen und die Gesamtgartenfläche in Zier- oder Blumengarten, in Nutzgarten und in Obstgarten aufzugliedern. In Schleswig-Holstein hat der Garten im allgemeinen in den unterschiedlichen Regionen des Landes verschiedenartige Bedeutungen besessen. Die Mentalität der Bewohner, die Boden- und Klimaverhältnisse und die Wirtschaftsstrukturen und Arbeitsverhältnisse sind Faktoren, die im Wechselspiel die Gartenkultur beeinflußten.

Die Dezimierung des Arbeitskräftebesatzes in der Landwirtschaft und die grundlegenden Veränderungen im Bereich des ländlichen Haushalts haben auch auf dem Gebiet der Gartenwirtschaft einschneidende Maßnahmen ausgelöst: Die Ziergartenflächen haben ihre äußere Gestalt verändert, mit Buchsbaum eingefaßte Blumenbeete und Gehwege haben größeren Blumenrabatten und Rasenflächen weichen müssen. Die Gemüsegartenflächen sind allein schon wegen der abnehmenden Zahl der zu verpflegenden Personen im Landhaushalt eingeschränkt worden, und die alten Obstgärten sind wegen mangelnder Rentabilität zum Teil ganz aufgegeben und anderweitig genutzt worden.

Geblieben aus der alten Zeit ist der Wunsch nach einem Stück natürlicher Schönheit und Gemütlichkeit im Bereich der ländlichen Wohnstätten.

Gartenarbeit

Das Altenteilerehepaar hat hinter seinem kleinen Abnahmehaus eine Gemüsegartenfläche, die es, solange die Gesundheit es zuläßt, selbst bewirtschaftet.

Im Frühjahr, sobald der Boden abgetrocknet ist, wird diese Gartenfläche flach gegraben und geharkt – in alter Zeit noch mit einer Holzharke, wie sie auch für die Heuernte verwendet wird – und danach besät und bepflanzt. Die alten Leute bauen alle Gemüsearten an, die in ihrem Haushalt verwendet werden, dazu gehören auch die verschiedenen Kohlarten. Nicht ohne Grund wurde früher der Gemüsegarten mit dem plattdeutschen Wort »Kohlhoff« bezeichnet.

Gartenarbeit

Die scharfe Märzsonne hat den Boden oberflächlich abtrocknen lassen. Die Hausfrau hat mit ihren beiden Hauswirtschaftslehrlingen das Gemüsestück mit dem Kultivator bearbeitet. Nach einem weiteren Sonnentag können die ersten Sämereien in die Erde gebracht werden – Möhren, Früherbsen, Petersilie und anderes. Die Erdbeeren zeigen die ersten jungen Triebe, zwischen den Pflanzreihen kann der Boden schon ein wenig gelockert werden.

Zwei junge Mädchen bei der Gartenbestellung. Das Gemüsestück wird in Beete eingeteilt, die mit einem Steig zum Begehen eingefaßt werden. Diese werden ausgeschaufelt und die Kanten der Beete mit der Schaufel angeklopft.

Gartenarbeit

Im Mai, wenn keine Nachtfrostgefahr mehr besteht, werden die Busch- und Stangenbohnen gelegt. Bei letzteren werden die Bohnenstangen schon vor dem Aussäen in den Boden gesteckt und miteinander kreuzweise verbunden. Um die Bohnenstangen herum werden jeweils 4–5 Samen ausgelegt.

Die Frühkartoffeln sind aufgelaufen, mit der Handhacke wird das erste Unkraut beseitigt.

Gartenarbeit

Tomaten werden an sonnigen und geschützten Plätzen angebaut. Die Pflanzen werden einstämmig gezogen, sie werden entgeizt, d. h. alle Seitentriebe regelmäßig entfernt.
Die Tomatenpflanzen erreichen schnell eine beachtliche Höhe und müssen Mitte Juli entspitzt werden, um das Längenwachstum zu beenden. Vorher schon müssen sie an Pflanzstöcken angebunden werden, um sie vor einem Abbrechen zu schützen.

Erdbeeren gehören zu den schmackhaftesten Früchten des Gartens. Die Verhältnisse bei der Ernte haben sich von früher her nicht verändert: In gebückter Haltung müssen die am Erdboden liegenden Früchte in Körbe oder Schalen gepflückt werden.

Gartenarbeit

Für die Mahlzeiten wird täglich frisches Gemüse aus dem Garten geholt, dazu gehören auch die Möhren, die das Junge Mädchen erntet.

Gartenarbeit

Beerenfrüchte, wie Stachelbeeren, Himbeeren und Johannisbeeren, werden gepflückt und als Kompott oder Saft zubereitet.

Drei Generationen in der Stachelbeerernte. Stachelbeeren gehören zu den Obstarten, die früh geerntet werden können. Schon unreife Früchte lassen sich verarbeiten, reife Beeren werden eingemacht, ab und zu auch vom Busch gegessen.

Gartenarbeit

Junges Mädchen bei der Buschbohnenernte. In allen Regionen Schleswig-Holsteins werden Busch- und Stangenbohnen angebaut. Im Schnitt aller Jahre verzeichnen diese Gartenfrüchte eine relativ sichere Ernte. Die Bohne ist ein Gemüse, auf das keine Hausfrau verzichten möchte.

Hauswirtschaftslehrlinge beim Pflücken der Stangenbohnen, in ihrer Obhut die kleine Tochter ihrer Lehrfrau.
Der Verzehr von rohen Bohnen ist schädlich, das wissen auch die Jungen Mädchen, sie achten darauf, daß das Kind diese nicht in den Mund nimmt.

Gartenarbeit

Auf Betrieben mit einer größeren Zahl von zu beköstigenden Arbeitskräften werden Erbsen meist auf dem Feld angebaut, im Garten werden nur die frühen Markerbsen ausgesät. Die Jungen Mädchen pflücken die Erbsen...

... und tragen sie in großen Wäschewannen zum Hof.

Gartenarbeit

Am Hintereingang einer kleinen Kate spielt sich das tägliche Leben ab. Von der Küche gelangt man direkt in den Gemüsegarten, aus dem manche Früchte für die Zubereitung der Mahlzeiten geholt werden. Hier haben auch die Hühner ihren eingefriedigten Auslauf.

Gartenarbeit

Die Ernte im Garten ist für die Hausfrau eine arbeitsreiche Zeit. Die Früchte müssen auf schnellstem Wege verarbeitet werden: Erbsen müssen aus den Hülsen genommen und eingekocht werden, Bohnen werden von Stielen und Fäden befreit und ganz oder geschnitten eingemacht.

An manchen Orten werden die Erntearbeiten mit mehreren Haushaltungen gemeinsam bewältigt und in Nachbarschaftshilfe schwerpunktartig ausgeführt. Dazu gehört auch das Einmachen der Bohnen in Dosen, die mit Hilfe einer Dosenverschlußmaschine abgedichtet und anschließend im Waschkessel gekocht werden.

Beim Erbseneinmachen werden die vollen Hülsen auf dem Tisch ausgebreitet. Die einzelnen Hülsen müssen mit den Fingern aufgebrochen und die Erbsen in Schalen abgestreift werden. Die leeren Hülsen läßt man auf ausgebreitete Decken auf dem Erdboden fallen, von wo sie nach Abschluß der Arbeit in den Schweinetrog verbracht werden.

Erbseneinmachen an frischer Luft und in Gemeinschaft mit den Nachbarn.

Gartenarbeit

*Die Lehrfrau mit ihren beiden Hauswirtschaftslehrlingen beim Bohneneinmachen.
In einer Sitzecke vor dem Kücheneingang bereitet die Arbeit an frischer Luft auch Freude.*

Eine Dosenverschlußmaschine konnte beim örtlichen Kaufmann ausgeliehen werden. Mehrere Haushaltungen aus der Nachbarschaft haben sich zusammengeschlossen, um die Bohnen gemeinsam einzukochen.

Gartenarbeit

Der Zier- oder Blumengarten liegt in unmittelbarer Nähe des Hauses, so erfüllt er seinen Zweck, für die Bewohner eine Stätte der Erholung sein zu können. Mit Sand und Kies versehene Gehwege sind so angelegt, daß sich von jedem Standort ein beschaulicher Blick auf die Bepflanzung des Gartens bietet. Es wurde darauf geachtet, daß vom Frühling bis zum Herbst immer etwas Blühendes zu finden war und der Garten stets einen gepflegten Eindruck machte. Diese Optimalforderungen konnten in früheren Zeiten nur dann eingehalten werden, wenn genügend Personal zur Verfügung stand.

Gartenarbeit

Blumenzwiebeln und -knollen, die während der Wintermonate im Keller eingelagert waren, werden im Frühjahr im Ziergarten ausgepflanzt.

Gartenarbeit

Einige Blumenbeete müssen neu angelegt und bepflanzt werden.

Steige und Wege müssen ständig von Unkräutern befreit werden.

Gartenarbeit

In den Staudenbeeten müssen die verblühten Triebe abgeschnitten und das Unkraut zwischen den Pflanzen beseitigt werden. Die Rasenkanten werden mehrmals im Jahr abgestochen, damit sie nicht in die Gehwege hineinwuchern. Zum Abtransport der Pflanzenteile zum Komposthaufen haben die beiden Frauen einen Blockwagen in Betrieb.

Zwischen Garten und Feld lädt eine Grotte zum Verweilen ein. Von hier aus kann man einen Blick auf die Blütenvielfalt des Gartens werfen – und der Landwirt kann von dieser Stelle aus den Felderstand beobachten.

Gartenarbeit

Sonnenblumen, Stockrosen und Dahlien müssen an Pflanzstöcken angebunden werden, will man auch nach Stürmen noch einen ungetrübten Blick auf die Blütenpracht werfen.

Gartenarbeit

Das Rasenmähen mit dem von kleinen Rädern angetriebenen Messerwerk ist eine schwere Arbeit, die obendrein sich während des ganzen Sommers im Abstand von 8 – 10 Tagen wiederholt.

Gartenarbeit

In den Herbsttagen wird das Obst geerntet. Falläpfel werden zu Most verarbeitet. Mit einer genossenschaftlichen Apfelreibe wird der Saft gewonnen. Auch bei diesen Arbeiten wird auf Nachbarschaftshilfe zurückgegriffen. Alle Hände sind damit beschäftigt, vom Säubern der Äpfel bis zum Auspressen für einen reibungslosen Arbeitsablauf zu sorgen.

Gartenarbeit

1946. Beim Kartoffelmehlmachen halfen alle, die auf dem Hof als Arbeitskräfte beschäftigt waren oder als Flüchtlinge ein neues Zuhause gefunden hatten. In einem kleineren Drahtkorb werden die Kartoffeln in einer großen, mit Wasser gefüllten Holztonne eine Zeitlang hin- und herbewegt. Dabei verlieren die Knollen den größten Teil der anhaftenden Erde.

Die fast sauberen Kartoffeln werden dann in einem neuen Wasserbad bewegt, hierzu wird auch mit äußerster Vorsicht ein Besen benutzt. Das Eindringen von Sandkörnchen muß auf jeden Fall vermieden werden, denn bei der weiteren Verarbeitung werden die Mineralpartikel sich nicht mehr von den Stärketeilen trennen lassen.

Geflügelwirtschaft

Um die Jahrhundertwende lag die Geflügelwirtschaft fast ausschließlich in den Händen der ländlichen Hauswirtschaften. Nur in Ausnahmefällen wurden größere Geflügelbestände in Geflügelfarmen gehalten. In der Praxis hatte jeder ländliche Haushalt, ob auf Katen oder Höfen, und auch jeder Privathaushalt seine eigene Geflügelhaltung, mit der er seinen Bedarf an Eiern und Geflügelfleisch und sogar an Federn decken konnte. Eierüberschüsse wurden verkauft, mit den Erlösen konnte die Hausfrau ihre Haushaltskasse aufbessern. Die wirtschaftlichen Leistungen derartiger Geflügelhaltungen waren zum größten Teil nicht kostendeckend. So bestand das Tiermaterial bei den Hühnern meistens aus rasselosen Landhühnern, deren Jahreslegeleistung mit etwa 80 Eiern festgestellt wurde. Ähnlich waren die Verhältnisse bei der Enten-, Gänse- und Putenhaltung. Die Kenntnisse über eine rentable Geflügelhaltung waren unzureichend; bei den Hühnern z. B. lagen Aufzucht und Fütterung der Tiere im Argen, das Lebensalter der Legehennen war im Durchschnitt zu hoch, die Stallverhältnisse waren zum Teil ungenügend. Hühnerkrankheiten, vor allem Hühner-Tuberkulose und Kokzidiose, konnten sich ausbreiten.

Allgemeine Betrachtungen zur Hühnerhaltung

Die Hühnerhaltung in Europa ist mehr als 1000 Jahre alt. Die Stammform des Haushuhns ist das Bankivahuhn, das als Wildtier in Indien und den malaiischen Inseln verbreitet ist. Im Laufe seiner Domestikation entstanden aus diesem wildlebenden Hühnervogel die verschiedenen Rassen, die in der Wirtschaftsgeflügelhaltung auf Legeleistung oder auf Fleischleistung ausgerichtet sind. Dabei konzentrieren sich die Zuchtbestrebungen in Deutschland auf vier Rassen, die seit den 20er Jahren als Nutztierrassen anerkannt sind:

1. Weiße Leghorns
2. Rebhuhnfarbige Italiener
3. Weiße Wyandottes
4. Rote Rhodeländer

Geflügelwirtschaft

Während die beiden ersten genannten Rassen als Einnutzungstiere auf eine möglichst hohe Legeleistung gezüchtet sind, verfügen die zwei letztgenannten Rassen über beide Leistungseigenschaften: Legeleistung und Fleischleistung.

Um 1930 lag die Wirtschafts-Geflügelzucht in Deutschland zu 85 % in bäuerlicher Hand. In den Herdbuch- und Vermehrungszuchten war es bis dahin gelungen, mit dem Einsatz von leistungsgeprüften Zuchttieren die Legeleistung der Hühner innerhalb weniger Jahre deutlich zu verbessern. Um 1935 lagen die Anforderungen bei den Zuchttieren der leichten Hühnerrassen für die Mütter der Zuchthähne bei 200 und die Eigenleistung der Hennen bei 180 Eiern pro Jahr.

Nach den 50er Jahren nahm die Hühnerzucht völlig neue Formen an. Mit der in Amerika erprobten und in Europa importierten Hybridzucht verschwand der bäuerliche Hühnerzuchtbetrieb, und selbst die bäuerliche Hühnerhaltung wurde zunehmend rationalisiert und in sogenannte Hühnerfarmen verlagert.

Hühnerfüttern auf einem Gutsbetrieb um die Jahrhundertwende. Eine ältere Hausangestellte hat sich nach dem Ausstreuen der Körner auf eine Bank neben dem Hühnerstall gesetzt. Auf dem Kopf trägt sie ein Häubchen, ein Zeichen ihrer »Zunft«.
Die Hühner, keiner besonderen Rasse zugehörig, haben freien Auslauf und werden zweimal am Tag mit Getreidekörnern gefüttert. Abends suchen sie ihre z. T. ungesunden Schlafplätze auf. Die Legeleistung dieser Hühner lag zu jener Zeit kaum höher als 80 Eier im Jahr.

Geflügelwirtschaft

Auf dem gleichen Gutshof. Ein Junges Mädchen beim Geflügelfüttern. Der Hühnerauslauf ist von einer Holzplanke umgeben, die den Tieren Windschutz bietet.

Geflügelfüttern um 1900. Hühner, Enten, Gänse und Puten haben den gemeinsamen Futterplatz aufgesucht. Das Körnerfutter, bestehend aus Weizen und Gemenge (Hafer und Sommergerste), wird breitwürfig auf die Steinbrücke gestreut.

Geflügelwirtschaft

Geflügelfütterung um 1930. Hühner, Enten und Perlhühner werden auf einer Rasenfläche vor dem Wohnhaus gefüttert. Die Tiere können mit ihren scharfen Vogelaugen das ausgestreute Körnerfutter schnell auffinden.

Um 1930. Oft besorgt die Hausfrau das Füttern der Hühner allein. Eine Glucke mit Küken ist im Gluckenkäfig eingesperrt. Die Küken können zwischen Boden und Käfigwand hindurchschlüpfen und auf diese Weise einen Auslauf bekommen. Die Glucke lockt mit den bekannten Lockrufen, wenn sich die kleinen Tiere zu weit von dem Käfig entfernen oder wenn Gefahr durch Krähen oder Habichte droht.

Geflügelwirtschaft

Die Küken sind herangewachsen und können bald von der Glucke getrennt werden. Nach einer bestimmten Zeit verliert die Henne ihren Brut- und Gluckentrieb und beginnt wieder mit dem Eierlegen.

Die Altbäuerin bei der Geflügelfütterung.

Geflügelwirtschaft

Um 1925 – der Altbauer füttert seine Hühner. In manchen Altenteilerverträgen hatten sich die Abnahmeleute bei der Hofübergabe Kornlieferungen ausbedungen. Brot- und Futterkorn wurden vom Hof ausgeliefert. Mit dem Futtergetreide wurde Geflügel gefüttert oder konnten Schweine gemästet werden. Mit der Tierhaltung hatten die Altenteiler noch im Alter eine sinnvolle Beschäftigung.

Geflügelwirtschaft

Auf dem Altenteil eines Hofes um 1925. Ein Junges Mädchen bei der Hühnerfütterung. Manche Altenteiler von größeren Höfen konnten sich ein Junges Mädchen als Haushaltshilfe leisten. Dasselbe betreute die »Alten Herrschaften« in gesunden und kranken Tagen. Auf diese Weise waren die Hofnachfolger von der Fürsorge für die Abnahmeleute entlastet.

Hühnerfüttern im freien Auslauf auf der Jungrinderweide. Die Körner werden breitwürfig ausgestreut, das kleine Mädchen macht es der Mutter nach.

Die »Eierfrau« auf dem Weg zur Stadt. Die in den Haushalten nicht verbrauchten Eier wurden von Eierhändlern aufgekauft, die mit einem Pferdefuhrwerk einmal in der Woche ihre Eierlieferanten aufsuchten. Die eingesammelten Eier wurden zu 1000 Stück in hölzerne Kisten verpackt und an den Großhandel sowie an Geschäfte oder auf dem Wochenmarkt in der Stadt verkauft.

Geflügelwirtschaft

Allgemeine Bemerkungen zur Entenhaltung

Die Stammform aller Hausenten ist die Stockente, die auf der nördlichen Halbkugel als Schwimmente in Süßgewässern vorzufinden ist. Bei den aus ihr entstandenen Rassen werden zwei Gruppen unterschieden: Die Legerassen und die Fleischrassen. Als Vertreterin der erstgenannten Rassegruppe ist die weiße indische Laufente zu erwähnen, zu den bedeutendsten Fleischrassen gehört die weiße Pekingente, die schnellwüchsig ist und ausgewachsen 2–3 kg, ausgemästet sogar 3–4 kg wiegt. Die dunkelbraune Rouenente erreicht nicht die Bedeutung der erstgenannten. Die Hochflugbrutente nimmt eine Sonderstellung ein. Sie stammt von der südamerikanischen Baumente ab, ihre Domestikation ist noch in einem Frühstadium steckengeblieben. Dieser halbwilde Entenvogel hat die Flugeigenschaften seiner Vorfahren noch nicht verloren, und die Nahrungssuche besorgt die Ente ohne Zutun des Menschen.

In einem Zuchtbetrieb werden auf einen Erpel 5–7 weibliche Enten gehalten. Im Alter von 4–5 Jahren lassen Befruchtung und Legeleistung nach. Der wirtschaftliche Nutzen der Entenhaltung hängt bei den Mastenten im wesentlichen von einer rentablen Mast ab, d. h. nach einer kurzen Mastzeit muß die Ente geschlachtet werden, die gewonnenen Federn sind in die Wirtschaftlichkeitsberechnungen einzubeziehen. Bei den Legerassen ist die Legeleistung mit 200 Eiern für die Rentabilität ausschlaggebend, die Überprüfung dieser Leistungsdaten ist nur über eine Fallnesterkontrolle möglich.

Die Enten suchen ungern allein ihre Nachtquartiere auf. Oft bleiben sie bis in die Abendstunden schwimmend und gründelnd auf dem Hofgewässer und müssen dann mit »Nachhilfe« vom Teich geholt werden.

Geflügelwirtschaft

Um 1935. Die Hausfrau hat einen größeren Bestand an Wassergeflügel. Der Hofteich ist mit einer Steinkante umgeben, damit die Teichränder nicht ausgetreten oder ausgefressen werden. Zur Unterbringung ist ein massives Geflügelhaus gebaut worden, das gegen Einbruch und vor tierischen Räubern, wie Füchsen und Mardern, gesichert werden kann.

Geflügelwirtschaft

Allgemeine Betrachtungen zur Gänsehaltung

Die Hausgänse stammen von der Graugans ab – ihre Heimat ist die nördliche Halbkugel. Unter den Gänserassen, die in Schleswig-Holstein gehalten werden, steht die Emdener Gans an erster Stelle. Aus den gewöhnlichen Landgänsen, die ebenso noch in beträchtlichen Anteilen vorkommen, ist sie durch Einkreuzen von Toulouser und Pommerschen Gänsen zu einer großen, schweren Rasse herausgezüchtet worden; sie kann ein Gewicht von 12 kg erreichen, die Federnfarbe ist reinweiß.

Im Zuchtbetrieb werden im Herbst die sogenannten Zuchtstämme zusammengestellt, d. h. es werden jedem Ganter 2–4 weibliche Tiere zugeteilt. Da in der freien Wildbahn die männliche Gans mit nur einem weiblichen Tier in einer lebenslangen Partnerschaft zusammenlebt, kann es sein, daß in den Zuchtstämmen nicht alle weiblichen Tiere von dem Ganter »getreten« werden. Gänse, die wiederholt unbefruchtete Eier legen, werden aus den Zuchtstämmen herausgenommen. Im übrigen können die erfolgreichen Zuchtstämme 8–10 Jahre in ihrer Zusammensetzung belassen werden.

Die Brutlust der Gänse zeigt sich dadurch, daß sich in den Legenestern Daunen befinden, die sich die Tiere aus der Brust auszupfen.

Während die Gänse in 28–31 Tagen 12–15 Eier ausbrüten, hält der Ganter vor den Nestern Wache.

Bei der natürlichen Aufzucht werden die Gänseküken (Gössel) von der Gans geführt und nach Möglichkeit in einem Aufzuchthäuschen auf einer Grasfläche gehalten.

Die Mast der ausgewachsenen Gänse, die als »Stoppelgänse« bezeichnet werden, setzt im Frühherbst ein, so daß um die Weihnachtszeit die Tiere ausgemästet sind.

Geflügelwirtschaft

Gänseherde am großen Hofteich um 1900.

Gänsefüttern auf einem Gutshof um 1900. Das Junge Mädchen in der Sonntagskleidung mit weißer Schürze und weißem Häubchen füttert die Gänse. Alt- und Junggänse werden in den Spätsommertagen noch zusammen gehalten und gefüttert, erst später werden die zum Schlachten bestimmten Tiere von der Herde getrennt.

Geflügelwirtschaft

Gänse am Hofteich – auf dem Wasser einige Enten, die mit den artfremden Tieren einträchtig zusammenleben.

Gänsefarm um 1910 in Dithmarschen. Vereinzelt wurden schon damals Massentierhaltungen betrieben.

Geflügelwirtschaft

Die Zuchtgänse werden gefüttert, das beste Futter für sie sind Haferkörner.

Eine Altenteilerin hütet Zuchtgänse mit den Jungtieren auf dem Stoppelfeld, gleichzeitig betätigt sie ihr Spinnrad und verrichtet auf diese Weise zwei Arbeiten gleichzeitig.

Geflügelwirtschaft

Zuchtgänse haben meist freien Auslauf auf dem ganzen Hof, sie können auf der hofnahen Weide Gras fressen, bei Bedarf den Hofteich zum Baden aufsuchen und sind dann und wann auch ungebetene Gäste im Ziergarten.

Hier stehen sie auf der Steinmauer des Springbrunnens, um frisches Wasser aufzunehmen.

Geflügelwirtschaft

Allgemeines über Puten und Perlhühner

Die Pute, deren Stammform auf dem amerikanischen Kontinent zu Hause war, ist als ausgesprochenes Weidetier auf genügende Auslaufflächen angewiesen.

Als Rassen sind die Bronzeputen mit ihren metallisch schillernden Federn und die reinweißen virginischen Schneeputen die bekanntesten.

In den Zuchtstämmen werden 10–12 Puten mit einem Puthahn zusammengebracht. Die Legeleistung der jüngeren Puten schwankt zwischen 30 und 70 Eiern. Bei der natürlichen Brut können der Pute bis zu 26 Eier untergelegt werden. Der Schlupf der Jungputen muß besonders beobachtet werden, da die Pute tollpatschig ist und oft die Küken zerdrückt.

Die Perlhühner werden fast nur zur Eigenversorgung gehalten, Fleisch und Eier dieser Tiere werden als Delikatesse anerkannt. Die Perlhühner werden in einer kleinen Familie von 3 Hennen und einem Hahn gehalten. Als fleißige Legerinnen bringen es die Hennen auf 100 Eier Jahresleistung. Eine Naturbrut ist bei den hiesigen Klimaverhältnissen selten.

Auf einem Gutsbetrieb um 1900. Die Puten werden in einem großen geschlossenen Auslauf gehalten. Betreut werden sie von der Mamsell, die als Vertrauensperson auch über die Schlüsselgewalt verfügt, erkennbar an dem auffallend großen Schlüssel an ihrer Schürze und dem Schlüsselbund in ihrer Hand.
Die Puten sind herangewachsen, mit kritischen Blicken werden sie beobachtet, kranke Tiere ausgemerzt.

Geflügelwirtschaft

Jungputenfütterung um 1930. Neben den Zuchtputen, die in einem Gelege bis zu 26 Putenküken in 28 Tagen erbrüten, haben auch Hühner-Glucken 10–12 Eier ausgebrütet.
Die Pute als ausgesprochenes Weidetier ist auf Auslauf angewiesen. Insbesondere brauchen die Jungtiere zusätzlich zu ihrer gereichten Nahrung Kerbtiere und Würmer, die sie in der weiteren Umgebung des Hofes finden.
Die Aufzucht der Puten muß sehr sorgfältig gehandhabt werden und liegt oft nur in den Händen der Hausfrau.

Die Schneeputen haben freien Auslauf – sie halten sich vorwiegend auf dem gesamten Hofgelände auf und finden in diesem Areal die notwendige Zusatznahrung an Insekten und Würmern.

Geflügelwirtschaft in neuer Zeit

Die neuen Erkenntnisse über eine rentable Geflügelhaltung, wie sie auf der Geflügelzucht-Lehranstalt in Kiel-Steenbek gewonnen wurden, konnten Dank der Arbeit der von der Landwirtschaftskammer eingesetzten Geflügelzuchtberaterinnen sehr bald im Lande verbreitet werden. Die Maßnahmen zur Erzielung besserer Bedingungen für eine gesunde Haltung des Geflügels begannen in den meisten Fällen mit dem Bau neuer, gesunder Ställe. Musterställe wurden bald im ganzen Land bekannt, und die Baumeister waren bemüht, Neubauten nach den erprobten Richtlinien zu erstellen. In der NS-Zeit wurden vom Staat Beihilfen in Form von verlorenen Zuschüssen bei der Erstellung neuer Geflügelställe gewährt.

Zwei Junge Mädchen bei der Junghennenfütterung. Im Geflügelauslauf ist ein Futterplatz von einem Maschendrahtzaun umgeben. Hühner überfliegen den Zaun und gelangen so zu den Futterkrippen. Wassergeflügel wird vom Futterplatz ferngehalten.

Geflügelwirtschaft

Die Junghennen der Weißen Leghorns haben den neuen Legestall bezogen, bald schon werden die ersten Kükeneier in den Nestern zu finden sein.

Fütterung der Weißen Leghorns mit Körnern und mit Weichfutter.

Geflügelwirtschaft

Die Weißen Leghorns gehören zu der verbreitesten Hühnerrasse. Bei besten Stallverhältnissen mit Licht, Luft und Sauberkeit bringen die Tiere bei optimaler Fütterung die höchsten Legeleistungen.

Geflügelwirtschaft

Junghennen vor ihrem neuen Legestall warten auf das Körnerfutter, das ihnen das Junge Mädchen in den Auslauf streuen wird.

*Zur Ausbildung der Hauswirtschaftslehrlinge gehört auch das Erlernen der Geflügelhaltung. Im wöchentlichen Wechsel sind die beiden Lehrlinge des Ausbildungsbetriebes einmal in der Küche und zum anderen im Haus und in der Geflügelhaltung eingesetzt.
Die Gartenarbeit wird von ihnen gemeinsam vorgenommen.*

Eine besonders zutrauliche Henne hat sich auf den Rand der Körnerschüssel gesetzt.

Geflügelwirtschaft

In manchen Betrieben werden die Roten Rhodeländer gehalten. Diese mittelschwere Hühnerrasse liegt in der Legeleistung auf der Stufe der Weißen Wyandottes. Sie sind, wie jene, gute Fleischtiere mit einem Schlachtgewicht von etwa 2 kg, sind weniger flüchtig als die leichteren Hühner und eignen sich auch für die Haltung im freien Auslauf.

Geflügelwirtschaft

Die Aufzucht der in der Brutmaschine ausgebrüteten Küken wurde mit Hilfe der »Künstlichen Glucke« vorgenommen, das ist ein eiserner Kastenofen, der mit Grude-Koks beheizt wird. Unter dem Ofen finden die Küken eine gleichmäßige Wärme vor.

Eine andere Möglichkeit der künstlichen Aufzucht bestand darin, die Küken in beheizten Kükenkisten unterzubringen. Zwischen zwei solcher Kisten stand ein Kanonenofen, der einen eingebauten Wasserkessel beheizte. Mit Hilfe von Wasserschlangen, die durch die Kükenkisten verlegt waren, wurden letztere mit einer gleichmäßigen Temperatur erwärmt.

Bei guten Wetterbedingungen suchten die Küken bald den Futterplatz außerhalb ihrer warmen Behausung auf, wo ihnen in den ersten Lebenstagen Buchweizengrütze und eine Wassertränke angeboten wurde.

Sobald die heranwachsenden Küken befiedert waren, konnten sie auf eine künstliche Wärme verzichten. Dann wurden sie in einer anderen Behausung untergebracht. In den Kükenhäusern fanden sie Sitzstangen vor, die sie während der Nachtstunden aufsuchten.

Geflügelwirtschaft

Die Kükenhäuser wurden so aufgestellt, daß das große Fenster die warmen Sonnenstrahlen der Mittagssonne einfangen konnte.

Aus den Beständen der Wehrmacht wurden in den 30er Jahren nicht mehr einsatzbereite Heeresfeldwagen an die Landwirtschaft verkauft. Findige Landwirte bauten aus diesen Fahrzeugen fahrbare Kükenhäuser.

Geflügelwirtschaft

Nach der Getreideernte wurden dieselben während der Tagesstunden auf die abgeernteten Getreidefelder gefahren. Die Junghühner erhielten freien Auslauf, ausgefallene Körner und abgeschnittene Ähren und Rispen, dazu Würmer und Kerbtiere, gaben genügend Nahrung und sparten dem Hühnerhalter die Futterkosten.

Geflügelwirtschaft

Die Junghennen gewöhnten sich schnell an diese Art der Hühneraufzucht, auch wenn täglich der Standort ihrer Behausung gewechselt wurde.

Geflügelwirtschaft

Sauberkeit und Hygiene sind wichtige Voraussetzungen für eine rentable Geflügelhaltung. Aus diesem Grunde müssen Stallreinigungen in bestimmten Zeitabständen durchgeführt werden. Täglich müssen die Kotbretter abgekratzt, der Dung entfernt und mit Sand oder Torfmull bestreut werden. Die Nester müssen bei jeder Eientnahme auf Sauberkeit überprüft werden, die Fußbodeneinstreu ist zweimal in der Woche mit Stroh, Torf oder Sägemehl zu erneuern. Besonders wichtig ist das tägliche Säubern der Futter- und Tränkgefäße und einmal in der Woche das gründliche Schrubben dieser Utensilien. Im Frühjahr und im Herbst sind alle Geflügelställe und die entsprechenden Stalleinrichtungen gründlich zu reinigen.

Auf einem Lehrbetrieb wechseln zwei Hauswirtschaftslehrlinge die wöchentlich anfallenden Arbeiten in Haus und Hof. Während der eine Lehrling die Küchenarbeit verrichtet, ist die Kollegin für die Hausarbeit und Betreuung des Geflügels verantwortlich.
Im Hühnerstall ist der tägliche Wasserverbrauch nicht unerheblich. In Eimern wird das Wasser zum Stall getragen.

Geflügelwirtschaft

Zweimal im Jahr werden die Ställe gründlich gesäubert. Das Stallinventar wird an der Luft geschrubbt, nachdem dasselbe im Teich eingeweicht worden war.

Geflügelwirtschaft

Anerkannte Vermehrungszuchtbetriebe

Die in der Geflügelzuchtlehranstalt in Kiel-Steenbek herausselektierten besten Zuchttiere wurden an sogenannte Anerkannte Vermehrungszuchtbetriebe abgegeben. Die zusammengestellten Tierstämme bestanden aus einem Hahn und 5–6 Hennen. Diese Tiergruppen wurden gesondert in Gruppenställen untergebracht, die mit Fallnestern ausgestattet waren.

Jedes gelegte Ei wurde gekennzeichnet, Legedatum und Hennen-Nr. wurden festgehalten.

Die Bruteier – nicht älter als 7 Tage – wurden in betriebseigenen Brutmaschinen ausgebrütet, nach dem Schlupf wurden die Eintagsküken mit einer Geflügelmarke versehen, auf der die Herkunft verzeichnet war.

Die in den Anerkannten Vermehrungszuchtbetrieben erzeugten Zuchttiere wurden an Bruteierlieferbetriebe veräußert. Hier wurden Tiergruppen mit einem Hahn und 20–30 Hennen gemeinsam gehalten. Die erzeugten Eier wurden als Bruteier an die Hühnerhalter im Lande verkauft.

Gruppenställe mit Ausläufen auf einem Anerkannten Vermehrungszuchtbetrieb.

Geflügelwirtschaft

Junghennenfütterung in einem Zuchtbetrieb.
Die Rebhuhnfarbigen Italiener gehören einer robusten Legerasse an.

Geflügelwirtschaft

Zuchttiere aus einer Anerkannten Vermehrungszucht werden aus dem Tierbestand ausgesucht und zum Verkauf gebracht. In Einzelkäfigen werden die Tiere mit der Eisenbahn als Expreßgut verschickt.

Geflügelwirtschaft

Der Hauswirtschaftslehrling hat einen jungen Zuchthahn eingfangen, der an einen Bruteierlieferbetrieb versandt werden soll.

Geflügelwirtschaft

Zu den unangenehmsten Arbeiten im Zuchtbetrieb gehörten das Säubern der Brutmaschinen und Kükenställe. Alle Einzelteile mußten sauber geschrubbt und desinfiziert werden, damit sich keine Geflügelkrankheiten ausbreiten konnten.

Hand- und Spanndienste

Alten Gemeindeordnungen folgend waren die Bürger im Dorf verpflichtet, für die Allgemeinheit eine bestimmte Leistung aufzubringen. Alle Gemeindemitglieder hatten eine Steuerlast zu tragen, die sich nach dem Grundbesitz richtete und entweder in Geld oder in einer festgesetzten Dienstleistung aufzubringen war. So war es üblich, daß die pferdebesitzenden Kätner und Landwirte mit ihren Gespannen bestimmte Fuhren zu übernehmen hatten, um z. B. Material zur Ausbesserung der Wege aus Sand- oder Kiesgruben heranzuschaffen. Gemeindemitglieder ohne Gespanne hatten ihre eigene Arbeitskraft zu stellen. Die sogenannten Hand- und Spanndienste erstreckten sich auch auf Hilfeleistungen in Notfällen wie bei Bränden und Überschwemmungen. An den Küsten Schleswig-Holsteins sind die Bürger verpflichtet, bei Sturmfluten sich gegenseitig zu helfen und nach dem friesischen Sprichwort: »Wer nich will dieken mutt wieken« für den Schutz der Deiche einzutreten. In den Winterzeiten haben alle männlichen Gemeindemitglieder im arbeitsfähigen Alter bis in die neueste Zeit hinein die Pflicht, bei Schneeverwehungen die Straßen und Wege von Schnee zu befreien. Ein gemeindeeigener Schneepflug wurde in früheren Zeiten mit Pferden bespannt, die im Wechsel von den Landwirten des Dorfes gestellt wurden. Nach den modernen Gemeindeordnungen sind auf der Grundlage der gegenseitigen Hilfeleistung die Grundprinzipien erhalten geblieben – geändert haben sich die Formen der Leistungen.

Sand, Kies und Steine zum Ausbessern der Wege werden aus Kiesgruben herangefahren. In den Moränengebieten Schleswig-Holsteins sind Sand- und Kieslager oft in breiten Schichten anzutreffen. Aus sogenannten Bänken, die Höhen von über 15 m erreichen können, werden die Materialien abgebaut. Mit Fachkenntnis und Vorsicht werden Teile der Abbruchkante zum Einsturz gebracht und die eingestürzten Massen am Fuß der Grube auf Fahrzeuge verladen. Für den Transport wurden die ortsüblichen Kastenwagen eingesetzt, und wegen des hohen spezifischen Gewichts des Materials die Wagen nur teilweise beladen.

Hand- und Spanndienste

Mehrere Fahrzeuge werden in der Kiesgrube beladen. Die Kastenwagen sind nur einseitig mit einem normalen Seitenbrett ausgerüstet. Nach einer Teilbeladung wird ein schmales Seitenbrett von der Ladeseite aufgelegt. Bürger der Gemeinde begutachten die Gemeinschaftsarbeit in der Kiesgrube.

Für den Sand- und Kiestransport sind die Kastenwagen oft mit abgesetzten Unter- und Seitenbrettern ausgerüstet. Kleinere Löcher im Oberbau des Wagens wurden mit Säcken abgedichtet.

Hand- und Spanndienste

Für die Winterzeit wurden in den Gemeinden Schneevögte gewählt, die für den Einsatz der Schneepflüge und der Handarbeiter beim Schneeschaufeln verantwortlich waren. Für diese Notstandsarbeiten standen nach altem Gemeinderecht alle gesunden männlichen Bürger vom 16. bis zum 65. Lebensjahr zur Verfügung. Für die Zeit der Viehversorgung auf Katen und Höfen waren die dafür verantwortlichen Personen vom Einsatz freigestellt.

Der Schneepflug in einer Gemeinde ist mit zwei Pferden bespannt. Bei diesem Gerät handelt es sich um zwei keilförmig aneinander gekoppelte starke Holzbohlen, die je nach Schneelage und Breite der Straßen und Wege mit Eisenstangen auseinander gestellt werden können.

In dieser Gemeinde sind vier Pferde vor dem Schneepflug angespannt. Mit mehr Pferdekraft und erhöhter Geschwindigkeit können auch größere Schneewehen überwunden werden. Die Schneepflugbesatzung ist um einige Handarbeiter vermehrt; wenn es nicht mehr weiter geht, kommen ihre Schaufeln zum Einsatz.

Hand- und Spanndienste

Die Dorfbewohner haben sich zum Schneeschaufeln versammelt und werden vom Schneevogt auf die Gemeindewege verteilt.

Bei hohen Schneewehen ist der Einsatz von Schneepflügen nicht möglich – hier kann die große Schneebank nur mit Handarbeit schaufelweise beseitigt werden.

Feierabend in Haus und Hof

Auf der Insel Nordstrand um 1930. Die beiden Gespanne des Hofes kommen von der Feldarbeit zurück.

An einem Spätherbsttag kommt der Junge Mann mit seinen Schleswigern vom Pflügen zurück. Im Hofteich werden die Beine der Pferde von Erde gesäubert. Dazu muß das Gespann zwei- bis dreimal an der Leine im Halbkreis durch das Teichwasser bewegt werden. Der Grund dafür: Von Lehm verklebte Beinhaare können die sogenannte Mauke, eine Hautkrankheit im Kötenschopfbereich, hervorrufen.

Feierabend in Haus und Hof

In früherer Zeit gab es in den Pferdeställen im allgemeinen keine spezielle Wasserversorgung über ein Wasserleitungssystem. Meistens wurden die Pferde im Hofteich getränkt. Bei der Rückkehr von der Feldarbeit ist der Gang zum Teich Gewohnheit geworden.

Bis zum Vorderfußwurzelgelenk gehen die Pferde in das Wasser hinein. Mit einigen Kopfbewegungen werden die oberflächlich schwimmenden Wasserlinsen beiseite geschoben – und gierig beginnen die Tiere zu trinken.

Feierabend in Haus und Hof

Die Gespannführer legen reitend den Weg vom Feld zum Hof zurück und bleiben auch während des Tränkens auf dem Pferderücken.

Feierabend in Haus und Hof

An Sommertagen bietet das Waten durch das Teichwasser für die Pferde eine angenehme Erfrischung, besonders dann, wenn während der Arbeit viel Schweiß geflossen war.

Feierabend in Haus und Hof

Vor der Stalltür werden die Pferde von der Kranzleine gelöst. Ohne Hilfe finden die Tiere zu ihren Ständen. Hier werden die Geschirre abgenommen, die an Haken an der Stallgassenwand ihren Platz haben. Nach dem Abschirren werden den Pferden die Stallhalfter aufgesetzt, und anschließend wird gefüttert.

Gespannweise stehen die Pferde in ihren Doppelständen. Zwei bis drei Futter, bestehend aus Hafer und Häcksel, erhalten die Tiere in den Wintermonaten als Abendration. Die Futtermenge ist auf die Schwere der Arbeit abgestimmt. Für die Nacht werden die Futterraufen mit einer kleinen Heugabe gefüllt.

Feierabend in Haus und Hof

In den Sommermonaten. Die Holsteiner Arbeitspferde eines Hofes in Dithmarschen stehen abgeschirrt vor der Pferdestalltür – anschließend bringen die Gespannführer die Pferde auf die Weide.

An einem Sommerabend um 1935. Die Pferde haben nach der Tagesarbeit ihre Futterrationen, bestehend aus Hafer und Häcksel, erhalten und werden anschließend von den beiden Lehrlingen des Hofes auf die nahegelegene Weide gebracht. Die Pferde behalten während des Weidegangs in der Nacht die Halfter auf, nur die Halfterketten werden abgenommen.

Feierabend in Haus und Hof

Die Pferde sind auf der Weide von den Halfterketten befreit und beginnen zu fressen.

Auf einem Betrieb auf der Insel Fehmarn werden die Arbeitspferde während der Nacht getüdert. Die Gespannführer sind damit von der Arbeit des Einfangens am nächsten Morgen entbunden.

Feierabend in Haus und Hof

Am Ende der Großen Diele ist der Platz, wo die Bauernfamilie mit den Mitarbeitern des Hofes die Mahlzeiten einnimmt.

Nach der Tagesarbeit in der Erntezeit versammeln sich drei Nachbarn zu einem Klönschnack – die Hausfrau schenkt dazu einen Punsch aus.

Feierabend in Haus und Hof

Kaffeestunden im Kreise von Freunden und Nachbarn lockern das tägliche Einerlei auf den Höfen und Katen auf.

Ebenso gehören Zusammenkünfte im Dorfkrug zum geselligen Leben. Hier treffen sich die Bauern und tauschen Neuigkeiten und Erfahrungen aus ...

... oder versammeln sich in den Abendstunden zu einer Skatrunde.

Feierabend in Haus und Hof

... und die Jungen Leute gönnen sich nach der Tagesarbeit im Dorfkrug ein Glas Bier und dazu einen Schnaps.

Feierabend in Haus und Hof

Auf einem kleinen Hof ist der Feierabend eingekehrt. In den ersten Maiwochen beginnen die Linden zu grünen. Zwei ältere Bewohner des Dorfes treffen sich am Hofeingang, bei einem nachbarlichen Gespräch haben sie ihre halblange Pfeife angezündet.

Feierabend in Haus und Hof

Andacht am Abend.

Feierabend in Haus und Hof

Das letzte Kapitel dieses Buches »Feierabend« versetzt den Leser in eine Zeit, als die Tagesarbeit mit einer Feier zum Abend beendet wurde, so wie das letzte Bild es ausdrücken will. Nach des Tages Mühen sitzt die Nordfriesin vor ihrem Buchständer, auf dem das alte Gesangbuch aufgeschlagen liegt. In großen Buchstaben sind die Gesangverse zweispaltig abgedruckt, nicht nur zum Singen, sondern auch zum Lesen, zum Andacht halten.

Bei manchen Lesern, die die alte Zeit in der Landwirtschaft miterlebten, werden die Bilder Erinnerungen geweckt haben. Für sie wird die Vergangenheit im Geiste zurückgekehrt und Vergessenes wieder Wirklichkeit geworden sein. Und für die Jüngeren, für die das Gewesene Geschichte ist, für sie sollten die Bilder das Leben in der Vergangenheit anschaulich machen.

Literatur und Bildnachweis

LITERATUR

Andree, J. u. Schneitler, G.:
Landwirtschaftliche Maschinen und Geräte, Leipzig 1861.

Anonym: Die Landwirtschaftskammer für die Provinz Schleswig-Holstein. Entwicklung und Werdegang in den Jahren 1896–1927, Kiel 1928.

Anonym: Meyers Konversations-Lexikon, 5. Auflage, Bibliographisches Institut Leipzig, 1894.

Döbler, H.: Kultur- und Sittengeschichte der Welt, München 1970.

Fischer, G. und andere: Die Entwicklung des Landwirtschaftlichen Maschinenwesens in Deutschland. Festschrift zum 25jährigen Bestehen der Deutschen Landwirtschafts-Gesellschaft, Berlin 1910.

Krafft, G. u. a. Autoren:
Illustriertes Landwirtschaftslexikon, 3. Auflage, Parey, Berlin 1900.

Rickert, Marie: Der Landhaushalt, Lieferung 1–3, Berlin–Hamburg 1940.

Schrenk, Hans Jörg: Kutschen, Frankh'sche Verlagshandlung Stuttgart.

Vormfelde, K.: Landmaschinen, Parey, Berlin 1930.

Wehrmacht: Heeres Dienstvorschrift: Das allgemeine Heeresgerät, Teil 2, Verlag »Offene Worte«, Berlin 1936.

BILDNACHWEIS

Dithmarscher Landesmuseum, Heide.
Hebbelmuseum Wesselburen.
Landwirtschaftskammer Schleswig-Holstein, Kiel.
Norddeutscher Genossenschaftsverband (Raiffeisen-Schulze-Delitzsch) e. V.
Privater Nachlaß des Heimatforschers Peter Wiepert, Burg/Fehmarn.
Privatbesitz zahlreicher ungenannter Personen aus Schleswig-Holstein.
Schleswig-Holsteinische Landesbibliothek.
Bildersammlung Theodor Möller.
Volkskundliche Gerätesammlung des Schleswig-Holsteinischen Landesmuseums, Schleswig.